U0535925

慢慢富有

给普通人的稳健理财课

谭露 —— 著

浙江大学出版社
·杭州·

图书在版编目（CIP）数据

慢慢富有：给普通人的稳健理财课 / 谭露著. —杭州：浙江大学出版社，2023.1
ISBN 978-7-308-23116-9

Ⅰ.①慢… Ⅱ.①谭… Ⅲ.①投资—基本知识 Ⅳ.①F830.59

中国版本图书馆CIP数据核字（2022）第181277号

慢慢富有：给普通人的稳健理财课
谭　露　著

策　　划	杭州蓝狮子文化创意股份有限公司
责任编辑	黄兆宁
责任校对	卢　川　王建英
封面设计	邵一峰
责任印制	范洪法
出版发行	浙江大学出版社
	（杭州天目山路148号　邮政编码：310007）
	（网址：http://www.zjupress.com）
排　　版	浙江时代出版服务有限公司
印　　刷	杭州钱江彩色印务有限公司
开　　本	710mm×1000mm　1/16
印　　张	14.5
字　　数	163千
版 印 次	2023年1月第1版　2023年1月第1次印刷
书　　号	ISBN 978-7-308-23116-9
定　　价	62.00元

版权所有　翻印必究　印装差错　负责调换

浙江大学出版社市场运营中心联系方式：　（0571）88925591；http://zjdxcbs.tmall.com

目录

序言

第一章 你的投资心理已经决定了你在入场后的输赢

投资不等于暴富　　　　　　　　　　　　　　　　　　　/5

投资最大的敌人是过度自信　　　　　　　　　　　　　　/9

  迷信"股神"　　　　　　　　　　　　　　　　　　/10

  盲从专家　　　　　　　　　　　　　　　　　　　　/11

  损失厌恶　　　　　　　　　　　　　　　　　　　　/12

当你开始用"内幕消息"做决定的时候，
离输就不远了　　　　　　　　　　　　　　　　　　　　/16

你的心理锚点是什么　　　　　　　　　　　　　　　　　/20

把控好唯一可控的因素：过程，过程，还是过程　　　　　/25

1

第二章 投资"稳"赢的 3 条铁律

在可承受的风险范围内,做正确的事　　　　　　　　/33

分散投资:鸡蛋不仅不能放到一个篮子里,

还不能放到一辆车里　　　　　　　　　　　　/39

最好的投资对象一定是自己　　　　　　　　　　　/42

第三章 先保人,再保钱:保障型资产先行

为什么要先配置保障型资产　　　　　　　　　　　/51

保障型资产配置基础原则　　　　　　　　　　　　/54

你的家庭需要配置什么样的保障型产品　　　　　　/61

　　重疾险　　　　　　　　　　　　　　　　　　/62

　　医疗险　　　　　　　　　　　　　　　　　　/64

　　商业养老金　　　　　　　　　　　　　　　　/66

　　意外险　　　　　　　　　　　　　　　　　　/70

　　定期寿险　　　　　　　　　　　　　　　　　/73

　　终身寿险　　　　　　　　　　　　　　　　　/76

　　教育金　　　　　　　　　　　　　　　　　　/79

第四章 守住本金你就赢了一半：不可替代的无风险资产

国债现在还是"香饽饽"吗 /86
- 记账式国债 /88
- 凭证式国债 /91
- 电子式储蓄国债 /94
- 国债逆回购 /96

银行定期存款和保险储蓄险哪个香 /101
- 银行定期存款 /102
- 结构性存款 /108

保险的储蓄险：在确定的时间，把确定的钱给想给的人 /115
- 养老年金 /115
- 教育金 /122

银行存款现在还是保本的吗 /125
- R1 低风险 /130
- R2 中低风险 /131
- R3 中风险 /132
- R4、R5 高风险 /133

第五章 冲锋陷阵，以小博大：锦上添花的中高风险资产

- 基金定投是稳赚不赔的吗 /139
- 如何选择适合自己的基金产品 /146
  - 指数基金：股神巴菲特的造梦神话 /147
  - 股票型基金 /149
  - 债券型基金 /154
- 为什么你一买股价就跌，一卖就涨 /159
  - "炒股"时，你的对手是谁 /162
  - 股市的涨跌停 /163
  - 如何选择适合的股票 /164
- 可转债，打新股，是不是稳赚不赔 /170
  - 可转债 /170
  - 打新股 /175
- 房产投资的这笔账如何计算 /178
  - REITs基金 /183
- 屡屡爆雷的信托，还能再买吗 /187

第六章　你的家庭如何灵活配置资产

月光族或负债家庭如何开始理财第一步　　　　　/196

工薪家庭如何尽快实现财富目标　　　　　　　　/203

高收入家庭如何进行资产避险　　　　　　　　　/211

后记　　　　　　　　　　　　　　　　　　　　/220

序言

2022年2月份的某个深夜，笔者刚忙完一天的工作，准备休息，手机突然弹出一条微信消息：现在想起了你说的那句话，地狱底下还有十八层。

大半夜的，看到"地狱"两个字，我不禁一颤，再看发信息的人，是一个之前和我咨询过基金投资的客户。在投资之前，我都会叮嘱投资者，要设置好止盈线和止损线，这是对于普通投资者来说最简单易行的风控方法。达到了自己的止损线，一定要果断出售；否则，后续可能亏到地狱，甚至，地狱底下还有十八层等着我们。

我平复了一下心情，问她发生了什么事。她回复我，买了某只基金，目前已经亏损30%，这中间她又不停抄底和补仓，但是却眼睁睁地看着亏损越来越大。她整夜睡不着，就想到了当时做咨询时我提示她的那句话，现在内心纠结不已，想卖又舍不得，不卖，每天都在亏，心里也是疼得滴血。

我就问了她一个问题：假如现在，你把这只基金清空了，明天一早，你还会选择买入吗？

她犹豫了一会，说：不会。

我又问她：既然这样，你从内心其实并不是真的看好这只基金，所以，你还想留吗？

她过了十分钟回复我：不留了，明天就清掉。

这个客户的经历，其实是大多数散户都会经历的。我虽然会给很多家庭做投资的规划，并且给他们一些投资建议，但是，在实操中，很少能有人真正贯彻下来，不知不觉中，很多人还是把自己推进了无尽的深渊。

第一章
你的投资心理已经决定了你在入场后的输赢

很多投资者满身狼狈地从资本市场退出的时候，都会归咎于自己的运气不好。要么是说大盘太差，所有人都在亏，自己进场的时机不对；要么是说自己选的股票，正好遇到了行业监管的重创，在黑天鹅事件面前，任谁都是无能为力；要么是说自己亲信了自己听到的内部消息，结果被朋友坑了。

各种理由，归结起来就是：我没错，只是运气不好。

笔者有一个企业主朋友，手头现金流比较充裕，很爱炒股和投资房子，但是这么多年投资下来，股票亏损了200多万元，房子也是砸了几套在手里。他百思不得其解，为什么这两个别人都可以轻而易举赚钱的投资，他却每次都亏。

就像炒股，他很小心谨慎，行情差的时候，他从来不入，等到行情好的时候，他才会去打听各种小道消息，然后根据所谓的"内幕"消息入手。2021年，他听到一个消息，某只股票当时的价格是35元，预计在3个月之后，就会涨到50元。他激动不已，砸了几十万元的资金进去，结果，一年后这只股票的价格已经跌到了20多元。

著名的脱口秀演员何广智曾经有一段发言引起了网友的共鸣："我买什么跌什么，有时候我都想，就这个资本市场是不是被我操纵了呀？我就是市场上那双无形的手。到后来我都不知道怎么跟别人解释，我买基金是为了赚钱，不是为了寻求刺激，因为从我的账面上来看，我这不是在投资，我这是在玩游戏，人家是理财，我是'氪金'。"

我周围很多朋友，都有过类似这样的感受，投资前往往观察很久，发现某只股票或者基金涨得好，结果自己一下手，就开始跌，好像前面有一个套，专门等着自己上套呢。

大多数人投资，肯定都和何广智一样，是希望赚钱，而不是拿自己的钱来挑战风险，但是为什么自己一出手，就变成了越理财，财越少？

其实，我们在入场时候的投资心理，就已经决定了我们在入场后的输赢。这个和我们有多专业、了解多少信息，压根没有多大的关系。

一切的结果，其实在开始的时候，就已经注定。

第一章
你的投资心理已经决定了你在入场后的输赢

投资不等于暴富

"我的投资目标是每年达到20%的收益。"一位来做理财咨询的客户对我抛出了这样一句话。我愣了一下，虽然每个人理财的目的都是赚取尽可能高的收益，但是这么直白地把自己的收益目标抛给我的，还是少数。

大多数的咨询者都知道一个原则：收益和风险成正比，收益越高，风险越大。所以，在聊到投资收益的预期的时候，出于对风险的恐惧，大多数人都会选择8%~10%这样一个比较适中的收益率区间，个别的会期望达到15%。

但是如果让每个咨询者都放下对于风险的恐惧，这个数字可能不止20%。

所以，希望在本金足够安全的情况下，获取更高收益是每个人最原始的本性，并不是什么错误的想法。但问题的核心在于：如果要想获得20%的收益，你能承担的风险有多大？

在前几年P2P野蛮盛行的时候，人人见面都在讨论：你的钱放到了哪个平台？收益是多少？那时候的收益从8%到20%不等，稍微保守一点的平台，也可以给到10%的收益，一些激进的、疯狂敛财的平台，更是用

5

20%的高利息吸纳了大量的资金。

随着各个平台资金链的断裂，越来越多的人发现自己的资金无法提现。于是，暴雷的事件层出不穷，就有了那句话：你看上了别人的收益，别人其实看上了你的本金。

笔者周围就有很多的家庭，因为平台暴雷，失去了上百万元的资金，甚至有一些家庭，为了赚取更多的收益，采用抵押房产、从银行套取信用贷等方式，借钱投到P2P当中。这些家庭，不仅失去了本金，还背上了沉重的债务。

难道在这种疯狂的时刻，大家都忽略了投资风险吗？

在行为金融学中，有一个获得过诺贝尔奖的经典理论：前景理论。这一理论认为"低概率事件往往被高估"，即**人们在做投资决策的时候，总是会被一些因素吸引，从而忽略了该因素实现的可能性。**

以上述案例为例，当整个社会都充斥着P2P的高利息诱惑时，投资者们的目光都被高利息所吸引，从而忽略了这种高利息在当下的金融条件下，是极难发生并且不可持续的。这种选择性的认知，让很多人忽视了这种高利率背后所带来的投资风险。所以，在当时，很多人都忽略了这种模式会出现资金链断裂的风险，纵使当时已经有很多的警告声，大家也都会愿意选择相信自己肯定不是接盘的那个人。

在P2P几乎全军覆没后，银保监会主席郭树清就曾对投资者做过以下的风险提示：收益率超过6%就要打问号，超过8%就很危险，10%以上就要准备损失全部本金。

这句话不是凭空讲的。你可能会想，一年6%的收益率，都没有办法跑赢通货膨胀，这样的投资有什么意义？

根据2022年3月11日发布的国债利率数据[①]（见表1-1），1年期的国债收益率仅为2.0968%，10年期的国债利率也不过只有2.7587%。国债作为以国家信用为担保的一种投资工具，属于安全系数最高的投资工具，也常被我们拿来用作无风险收益率。所以，从理论上来说，只要你的投资收益超过了2%，多余的利率，就是你要承担的对应风险。这么看来，郭树清的话，其实讲得还是比较宽松的。

表1-1　2022年3月11日国债利率数据

政府债券利率	利率/%
3个月期国债发行利率	1.83
1年期国债收益率	2.0968
10年期国债收益率	2.7587

既然投资的利率这么低，那为什么我们不索性把钱放在银行？为什么还要来学习投资理财呢？

这就不得不提到我们投资的目的。上文提到：投资的目的不是暴富，那是什么？

其实，投资的目的是更好地规划自己的家庭资产，如果没有规划，你的钱全都放在保本型的理财中，会让你的资产增值速度过慢，全都投到有风险的投资中，又可能会面临一无所有的结局。

如何平衡风险和收益，让我们的资产在面对风险的时候，也可以稳中

[①] https://www.chinamoney.com.cn/chinese/sddsint/。

有升；在行情好的时候，可以"大快朵颐"地把收益收入囊中，尽快实现我们的财务目标，这才是阅读这本书的意义。

当然，我也不否认在资本市场，有很多的暴富神话，但是，很遗憾，我们都是普通人，这个神话主角既不会是你，也不会是我。

第一章
你的投资心理已经决定了你在入场后的输赢

投资最大的敌人是过度自信

看到这个标题,你可能会在心里反驳我:我才不会过度自信,我会悉心听取很多意见,再做决定。

那我们来一起做一个小测试,请回答下列问题:

1. 你开车比一般人快吗?
2. 你工作完成得比一般人好吗?
3. 你的投资眼光比一般人好吗?

大多数人在回答这 3 个问题的时候,都会给出肯定的答复,这是因为乐观总是深深扎根在我们的思想当中。

在行为金融学领域,有一本教科书级别的书,叫《行为投资学手册》,这本书有一个副标题——"投资者如何避免成为自己最大的敌人"。其实在投资领域,你以为的对手是机构,可事实上,你的对手就是对自己的过度自信。

过度自信体现在很多方面,下文我将一一举例说明。

迷信"股神"

股票市场中，我们总是会看到有人被称为"股神"。这类人可以准确地预知第二天股市的涨跌，因此，在很多人眼里，他们讲话就像圣旨一样，他们推荐的股票，总有散户抱着发财的心态去买，结果，可能不仅赚不到钱，反而被套牢。

2021年，官方清理了大量互联网上所谓的投资专家，封了很多所谓的专家号以及文章。一夜之间，整个市场都变得安静了。之所以要这么做，就是因为很多"专家"其实根本是"江湖骗子"。

其实，这些所谓的"股神"，玩的也只是概率游戏而已。

假设他们手里有1万个客户的手机号，第一天，他们会给其中的5000个客户发送某只股票第二天的走势会涨的消息，给另外的5000个客户发送这只股票第二天会跌的消息。

到了第二天，假如股票涨了，"股神"们会继续给那些在第一天收到"涨"的信息的客户中，按照一半一半的比例发送第三天股票的走势是涨或者跌的消息。

以此类推，他们总是会持续不断地给收到准确结果的人发送信息。

因此，连续发送几天，总有一小群人，从一开始的不屑一顾，再到怀疑，再到笃信，因为他们收到的信息都是准确的。于是，"股神"崇拜就来了。

迷信"股神"其实是对自己判断力的过度自信，当我们听信一些人的意见和选股建议的时候，一定要多问自己一句：这个人这么牛，信息这么准确，为什么要告诉我？

第一章
你的投资心理已经决定了你在入场后的输赢

盲从专家

在《漫步华尔街》这本书中，著名学者麦基尔说：基金经理不如猴子。这句话是源自20世纪80年代末期的一场实验：一方是当时华尔街最著名的股票分析师组成的专家组，另一方是一只猴子。猴子被蒙上双眼后，让它向报纸的金融版掷飞镖选中投资组合。让人惊掉下巴的是，和那些专家小心谨慎选择的投资组合相比，在一定时间内，猴子扔飞镖选出的股票收益率甚至更高。

当然，这个故事从长期来看，结果并不一定是猴子获胜，但是这起码说明了一个问题：股票价格的不可预测性。

笔者在做理财咨询的时候，很多来访者都很简单粗暴地希望我可以告诉他们要买什么股票，什么时候可以赚到钱。一旦这个问题我无法回答，他们就会马上投来怀疑的眼光，质疑我到底是不是一个合格的理财顾问。

事实上，没有任何一个人，包括专家可以预测短期内股票的涨跌，股票市场价格的波动受各种因素的影响，这种影响大多数是不可量化的。

我们再通过一个例子来解释为什么股票的价格波动是不可预测的。

这个例子来源于伟大的经济学家约翰·梅纳德·凯恩斯，他在《就业、利息和货币通论》一书中写过这样一段话：

投资就如同参加报纸上刊登的选美比赛。比赛时，参赛者必须从100张照片中挑选出6张最漂亮的面孔，如果你的选择与得票最多的6张照片最接近，就可以获奖。

所以每个参赛者挑选的不一定是自己认为最漂亮的，而是他认为最符合其他参赛者审美的照片。所有人都遵循同样的逻辑。这不是一个选择自己眼中最漂亮照片的简单问题，甚至也不是选出真正意义上大众认为最漂亮的美女。而是利用自己的智慧去预测大众普遍认为的是什么，这就是所谓的三阶理性，我相信还有人达到四阶理性、五阶理性甚至更高阶的理性程度。

这个例子和我们选择股票的过程很相似。我们在选择股票的时候，为了能够实现盈利，选择的往往并不是我们内心认同的股票，而是我们认为别人会认同的股票。只有当尽可能多的人认可和购买这只股票，股票的价格才会被进一步拉高，我们才能盈利。

那么问题来了：什么样的股票是别人认同的股票？抛开理论上的基本面不谈，100个人就会给出无数个答案。

所以，蕴含了如此多变量的股价，怎么可能被提前预测呢？愿意相信所谓的专家预测，其实就是一种对自己判断力的"过度自信"。

损失厌恶

投资圈里有一句话，叫"投资的尽头都是保本"。你可能会想，如果投资的尽头都是保本，那为什么要投资呢？我安心地把钱存在银行不就好了吗？

之所以有这句话，主要是因为大多数投资者有损失厌恶的心态。

第一章
你的投资心理已经决定了你在入场后的输赢

其实损失厌恶并不是在投资中独有的一种心态，而是人性使然。举一个简单的例子，当我们买车的时候在 A 品牌和 B 品牌之间纠结，如果最后选择了 A 品牌，那么，我们从心里就认定了这是一个正确的决定，并且会自动选择屏蔽掉一些有关 A 品牌的负面新闻和 B 品牌的好消息，就算有人在我们面前说 A 品牌的各种不好，大多数人也会替自己的决定争辩，并且企图说服对方。

这种损失厌恶的心态其实贯穿于我们生活的点点滴滴，当然在投资领域也是如此。笔者有几个朋友，手里囤了三四套乃至更多的房子，他们中的大多数都坚定地认为房价不会跌，甚至还会涨；而笔者的一些还没有房子，但是准备买房子的朋友，却都会认为房价会跌，他们迟迟不下手的原因就是怕买在高位。这两类朋友一旦在一个酒局上相遇，谈起房价的走势，那气氛就会格外紧张。

其实，每个人都站在自己的立场来做投资决定，而后，损失厌恶的心态就会出来保护我们，让我们可以自圆其说，免受心理伤害。用前文提到的那句话来说，就是乐观主义是根植在我们基因里的。

但是，现在问题来了：我们的这种损失厌恶的心态，可以帮我们避免损失吗？

答案是不能。

笔者做过很多家庭的投资咨询，帮助他们设置止盈线和止损线的时候，他们都很乐意接受。但是在真正的执行过程中，达到止盈线后基本上大部分人都可以做到及时卖掉变现，但是真正可以执行止损线的人，却只有不到 1/3。

以序言中的客户案例为例,当时我帮助这个客户设置的止盈线和止损线都是20%,设置这道线的时候,她觉得自己肯定没问题,可以严格去执行。但是,等到真正亏到20%的时候,损失厌恶的心理就出来作祟了,她总觉得这个损失一定可以涨回来的,等到一回本,她就卖掉。

抱着这样的心态,她一次次地补仓,降低成本,但是却越亏越多。

笔者之前听过一个对中国散户投资者的评论:中国的散户真的是特别有骨气,刚赚一点,就迫不及待地卖掉变现;亏了,反而长久地放着,怎么都不会卖掉,一直坐等回本。

我相信读到这里的你,肯定不希望自己会陷入这样的困境。在这里,笔者给你提两个解决方案。

方案1:理性地问自己,如果我今天把亏损的资产都清空了,明天我是否还愿意再买回来?如果回答是愿意,那就继续持有,如果是不愿意,那就说明,现在的坚持和自信都是来自损失厌恶的情绪,而不是理性思考后的结果。

方案2:在你的周围找到一个可以对你施加影响的人,当你到了该做决断却无法决断的时候,果断去问对方,通过对方的影响力来督促自己做出理性的决定。

这两个方法常被用在很多大型基金公司的风险控制上。基金经理也是人,他们也是损失厌恶者,当他们之前的组合方案产生较大亏损的时候,会有专门的监督机构强行让他们调整方案和组合。

如果基金经理对目前持有的股票依然有积极的预期判断,他们也可以选择卖掉后,再买回来。但是,事实上,大多数的基金经理卖掉后,都不

第一章
你的投资心理已经决定了你在入场后的输赢

会选择再次入手,无论他们在卖的时候,有多么不甘心和不舍得。

无论何时,我们都随时可以把卖掉的股票再买回来。我们只要牢牢记住这句话,在"割肉"的时候,内心就不会如此挣扎和纠结了。

当你开始用"内幕消息"做决定的时候，离输就不远了

笔者有几个常年"潜水"的投资群。一次，有个股民在群里说了一句话：我亲哥哥和某明星基金经理在一家公司，他给我推荐的基金居然也是一直亏损的。很多人看到后纷纷留言，大概的内容都是：我某个亲戚、同学，在某某上市公司，经常给我透露一些小道消息，结果，这些消息就没准过，偶尔准一次，赚了点小钱；大部分时候，听了这些消息去交易，都是亏钱的。

资本市场的投资，包括股票、基金、期货、房产，乃至艺术品投资等，想要做好，都需要具备大量的专业知识。甚至很多具备专业知识的操盘手，也无法保证在每次市场震荡时都能全身而退。但是，这些投资的入门门槛却是只要有钱即可。如果你很有钱，可以去拍卖会上一掷千金，拍回所谓的古董；一般般有钱，可以去买自己看上眼的房子；不是很有钱的，也可以拿一部分钱去炒基金和股票。

所以，不管是普通的工薪族，还是富豪，在涉足这些专业的投资领域的时候，其实往往都缺乏充足的知识储备。

在这种情况下，最简单粗暴的投资方法就是借助所谓的"内幕消息"。

很多人对内幕消息深信不疑，似乎掌握了内幕消息，就掌握了财富密码。

于是，股民在炒股的时候，明明都不完全了解某家公司属于什么行业，市盈率如何，可能只是因为在饭桌上听到一个所谓的"消息通"说了一句话，某只股票这个季度的利润很高，等报表一出来，股价肯定暴涨，或者，听到某个朋友悄悄地跟你说，某只股票的大股东即将在 9 月份抛售手里的股票，在此之前，肯定会把股价拉高，现在买还来得及，又或者，在网上看到某个信息，说某某地区马上要通地铁了，那个地方的房子马上要暴涨，现在赶紧去买，就果断买了几万股。

事实上，想要认真做好股票基金投资，我们需要系统地学习如何去看企业的财务报表，了解流动比率和速动比率分别代表什么，了解什么叫市盈率，了解所属的行业、所属的板块等海量的知识和信息。

如果想做好房产的投资，我们也要查阅官方的信息，看看这个板块的规划是否和宣传一致，更要了解当地的人口情况，最近几年的人口是净流入还是净流出，了解当地的经济数据，是以劳动密集型产业为主，还是以科技产业为主，等等。

哪怕是投资看似最简单的基金，我们也要去了解不同的基金类型，研究某只基金究竟是偏股还是偏债，成立几年了，规模如何，重仓了什么行业的什么股票，基金经理背景如何，等等。

人性中的惰性，使我们自动地回避去学习这些东西，反而会依赖于周围的一些所谓的"内幕消息"。通过这些只言片语的引导，我们似乎不需要系统地学习投资知识就可以进行投资。

那为什么说一旦我们开始用"内幕消息"，我们就离输不远了？有了内部消息，我们不是应该如虎添翼吗？

这是因为，基本上所有的"内幕消息"本身就是烟幕弹。这个烟幕弹起到了两个作用。

第一个作用是请君入瓮。

以股票市场为例，用最简单的表述来解释股票价格波动的原因就是：买这只股票的人越多，价格就越高；卖这只股票的人越多，价格就越低。

所以问题来了：如果一些大型的资本想要在市场中赚到钱，他们需要做什么呢？当然是拉高股价以后，再高价抛出，从而大赚一笔。

拉高股价的一个重要因素就是要有足够多的人来买，那么，到哪里找那些愿意来买这只股票的人呢？

其中有一个办法就是释放"内幕消息"。很多消息，传着传着，也找不到最后的源头了，更无从追究任何的法律责任，但是在这个过程中，却有大量的散户，抱着发一笔的心态入场，最后成了"绿油油的韭菜"。

第二个作用是品牌宣传。

我们先做一个小测试，你现在可以说出多少股票的名称？

大多数人能够说出的股票名称可能在 50 只以内，专业的投资者可能最多也只能说出 200 只股票。但是，我们的 A 股市场却有 5000 多只股票。

很多股票的交易量特别低，很难被投资者注意到，因此，对外释放一些"消息"，成了他们做宣传的一种方法和手段。

你会发现：一些知名度很高的股票，像茅台、宁德时代等，很难在市场听到它们的内幕消息。我们听到的大多数都是一些知名度不高，甚至可能从来都没有听过的股票。它们通过释放内幕消息，吸引更多的投资者关注，这样的广告岂不是性价比很高？

其他的投资领域也是如此。房地产销售员可能会告诉你，这个地方将来会有一所多么好的小学，虽然消息还没公布，但是也八九不离十了。不排除有些情况可能是真的，但是，也有很多情况下，房子买了，学区却迟迟不定，或者是和之前承诺的不同。这样的纠纷随便到网络上一搜索，比比皆是。

如果真的有人靠着内幕消息赚到了钱，那就只有两种情况：一种是这个人的运气很好，恰好碰对了时机；另一种就是有人违法犯罪。

2005年《中华人民共和国证券法》第七十三条规定：禁止证券交易内幕信息的知情人和非法获取内幕信息的人利用内幕信息从事证券交易活动。第七十五条规定：证券交易活动中，涉及公司的经营、财务或者对该公司证券的市场价格有重大影响的尚未公开的信息，为内幕信息。

这也就说明，如果是真的内幕消息，一定是有人违反了证券法，那么一旦我们通过此信息获利，极有可能会造成一系列后续的法律风险，轻则罚款，重则判刑。

所以，当你再听到有人告诉你所谓的"内幕消息"的时候，不管是真是假，你都很难成为真正的赢家。

你的心理锚点是什么

什么叫心理锚点？我来举一个生活中的例子方便你理解。

我们逛商场的时候，经常会看到一些打折的促销活动。比如，原价8999元的一件衣服打1折，只要899元。在网上看直播购物的时候，主播也特别爱说，我们这个产品在专柜要999元，但是今天在我们直播间，不要999，只要99，但是限量50个。

这样的话术和销售语之所以用得多，是因为这个方法好用。可能本来你只是去商场闲逛的，但是看到了这件打1折的衣服，如果再碰到适合自己尺码的只有最后一件了，那更是感到不买就亏了。在直播间听到上述的话术也是一样，和原价巨额的反差，让我们有了一种占到了便宜的心理。

上述案例中的8999和999就是我们的心理锚点，也就是我们一开始设置的衣服的价格的参照物。

我们之所以觉得899很便宜，主要是因为原价8999很高，我们的心理锚点设置很高，当发现现在只要花899就可以买到8999的衣服的时候，内心会产生一种极大的满足感，从而忽略了这件衣服本身的价格。

我们在投资中，经常会不自觉地启动两个心理锚点：价格锚点和情感

锚点。

什么叫价格锚点？和上文的案例是一个含义，就是价格的参照物。

比如，我们买入一只股票的股价是 5 元，大多数人的价格锚点就会设置成 5 元，一旦高于 5 元，就觉得自己赚到钱了，立马兴高采烈；一旦价格跌破 5 元，意味着亏钱了，就开始垂头丧气。

这就是心理锚点给我们带来的投资情绪。但是有意思的是，**针对不同的投资方式，投资者的心理锚点又不完全都是以保本为锚点。**

笔者曾经有一个朋友，在 2012 年花了 100 多万元买了套 100 多平方米的房子。当时小区周围都很荒凉，也没有配套的商业设施。10 年过去了，这套房子已经涨到了 300 多万元，均价大概在 3.2 万元/平方米。当他打算卖房子的时候，他预期的价格早就不是 100 万元了，而是现在的市场价 340 万元。如果成交价低于 340 万元，他就觉得自己卖亏了；高于 340 万元，就是赚了。

最近的楼市不景气，几大热门城市比如深圳、北京、上海，房产的成交量都在萎缩，明明房价相较之前已经翻了几倍，但是很多房主还是不愿意以比市场价便宜 10 万元的价格降价出售。有一些特别需要用钱的人，被迫以比市场价低几十万元的价格成交，虽然还是赚了几百万元，但是内心还觉得是亏的。

所以，这个锚点的作用不言而喻，很多时候，我们内心情绪的波动并不是因为自己赚没赚到钱，而是在于我们的锚点是什么。

打个比方，你今年拿了 5 万元的年终奖，本来心里很开心，因为去年只有 4 万元，但是一问同事，知道她拿了 7 万元，足足比你多 2 万元。那么，你愉快的心情马上就会变得愤愤不平，明明是做一样的工作，凭什么她拿得比我多？因为在知道同事拿了7万元的时候，我们的心理锚点就由去年拿了4万元，变成了同事的7万元。

这就是价格锚点。

那什么叫情感锚点呢？情感锚点指的是在做一件事的时候，我们预期自己会达到的一种情感状态。

以买彩票为例。中彩票是非常典型的小投入、高产出的小概率事件。而大多数人买彩票的时候，都是抱着一定会中奖的心情，我们的情感锚点就是中奖的那种愉悦和惊喜感。所以，人什么时候最想买彩票？一定是周围正好有人中了彩票的时候，那种惊喜感会传递给我们，弄得人心痒痒，觉得自己也会中奖。

讲到这里，就不得不再提起心理学的另外一个现象：羊群效应。羊群效应也称从众心理，是一种常见现象，它在管理学中指企业的特定市场行为。

羊群效应一般在竞争非常激烈的行业中出现，而且这个行业里一般会有一个领先者，领头羊占据了主要的注意力，整个羊群不断模仿这个领头羊的一举一动，领头羊到哪里去吃草，其他的羊也去哪里吃草。

上述买彩票的案例中，中奖的幸运儿就是这个领头羊。他因为买了彩票，赚到了钱，从而带动了身边的一群人去买彩票，而且这群人还都抱着"我也会中奖"的心态。当然，如果他觉得自己一定不会中奖，他就会和笔者一样，从来不买彩票。

可是，现实是，每个牧场的草都是有限的，领头羊找到的牧场往往草

第一章
你的投资心理已经决定了你在入场后的输赢

地肥沃，但是，随着越来越多的羊跟着领头羊找到这片草地，有限的草地很快就会被吃空，而领头羊也早在大部队到来之前，悄悄地去找下一片牧场了。

类似的现象同样出现在股市投资中。当股市动荡、周围的人都在拼命亏钱的时候，我们不为所动；但是，当周围的人每天都说自己股票每天赚了多少钱的时候，很少有人能不为所动。

笔者有一个好朋友在2021年的一轮小牛市中，每天都能赚3000多元。她跟我说：哎，天天上班好无聊呀，就算我每天什么都不干，也能赚3000多元，真想赶紧把工作辞了算了。与此同时，她也一直怂恿她的同事跟她一起投。本来同事坚决不碰股市，但是看她每天都赚这么多钱，终于没忍住，有一天开了个户，一起入场了。

这是不是像极了炒股和炒基金的你？

很多投资者可能根本不懂股票和基金，但是看着周围的人都在赚钱，就觉得自己肯定也能进来分一杯羹，于是，抱着一定会赚钱的心态入场。 那个时候，我们的情感锚点就是赚钱的爽感。

在这种羊群效应的影响下，特别是在股市牛市的时候，大量的散户跟风入场。甚至当你在菜场买肉的时候，卖肉的老板都一边剁着肉，一边和旁边卖鸡蛋的大妈讨论今天某只股票涨得怎么样，要不要现在卖掉。

在投资界有一句谚语：当你发现，连不识字的看门大爷和卖菜大妈都开始炒股的时候，就是我们要退出股市的时候。

因为羊儿都入场了，草都被吃完了，而领头羊早就吃饱退场了。

所以，大多数的散户在股市中都是受伤而出，有一些人的损失甚至高达 90%，他们可能在股市中享受到了短暂的赚钱的快乐，但是更多的是割肉的痛苦。这份痛苦，其实是被放大了两倍，因为入场的时候，我们都是抱着一定会赚钱的心态进入的，这就是所谓的"希望越大，失望越大"。

那么，在我们投资过程中，我们要如何设置自己的价格锚点和情感锚点，才能始终保持一个良好的投资心态呢？

首先，针对价格锚点，一个重要的原则是往前看，而不是往后看。

以炒股为例，当你买完这只股票以后，就忘记购买它的成本，在决定是否要卖的时候，只需要往前看，判断将来的 1 年、2 年，甚至 5 年中，它的价格会如何，我们是否可以有耐心持有到那时。

比如，我们以 5 元钱购入了一只股票，但是在购买后，这只股票就遭遇了连跌，很多人心态就崩了。卖了，现在的损失就坐实了，心里不好受；不卖，又怕"跌跌不休"。纠结来纠结去，很多人选择了卸载 APP。

这些心理都是不可取的，我们在做决策的时候，要往前看，理性判断这只股票后面的前景如何，能否在自己预期的持有期内涨到某个价格。如果可以，那就继续持有；如果不可以，那就果断卖掉。

当然，你可能会问：我怎么预判它将来的价值？如果你无法回答这个问题，那说明你完全不适合炒股。

其次，针对情感锚点，除了保本类型的投资，其他任何的投资，都要告诫自己，不管别人赚了多少，我们都有亏损的可能性。

如果你没办法接受可能产生的亏损，那就务必不要入场；否则，痛苦加倍。

第一章
你的投资心理已经决定了你在入场后的输赢

把控好唯一可控的因素：过程，过程，还是过程

6年前的一个夏日的晚上，笔者和几个朋友一起开车从洛杉矶去拉斯维加斯度周末。在那里，笔者第一次在赌场小体验了一把。

当时我只换了200美元的筹码，想着体验一下即可，哪怕都输了，也在承受范围之内。

换完了筹码后，就选了一个最容易入门的项目：21点，英文名叫Black Jack。我们一桌人都来自不同的地区，用着流利的英语互相交流和给对方出主意。中间有一局叫到18点，这时正好轮到一个印度人，我们都觉得应该不会再叫牌了，但他却还是要叫牌。这时候，一桌子的人都在拦着他，告诉他，已经18点了，有很大的概率可以赢，完全没必要再叫牌了。但是，他还是坚持要了一张牌，一打开，是3。当时，我们整桌人都沸腾了，庄家是一个年轻的男孩子，很绅士地跟他说：祝贺你，先生。

大家都纷纷夸赞他的勇气，并且一起总结经验，下次拿到了17或者18点之类的，还是很值得再叫一张牌的。博一博，单车变摩托。

很神奇的是，在后来的牌局中，好几个人都在18点左右的时候再叫牌，但基本上都是输的，再也没有遇到过21点。至于那个印度人，自从一把

21点之后，就一直在说自己判断准确，听不进别人的建议，放开了叫牌和下注。没有什么悬念，他是第一个输光了离开我们这一桌的人。

这件事情给我留下很深的印象，以至于6年后写这段文字的时候，还觉得历历在目。

当我开始学习行为金融学的时候，我看到了一个矩阵表，如表1-2所示。

表1-2　过程与结果的关系矩阵

过程	好结果	坏结果
正确的过程	应得的成功	坏运气
错误的过程	好运气	应得的失败

来源：杰伊·爱德华·拉索，保罗·休梅克.制胜决策力：四阶段法成就完美决策.北京：中国财富出版社，2014：17.

当印度人因为一时的冲动，在已经拿到18点的情况下，随口叫了一张牌时，从理性的角度来说，这不是一个正确的过程，但是却得到了好的结果，因此，根据上面的矩阵，我们只能判断为他是有好的运气。但是在他心里，因为结果好，他自然而然就推导成了自己的决策能力强。这种盲目的自信，让他变得更加依赖自己的直觉，很快就赔光自己刚刚赚来的那笔筹码。

我们都希望自己处于矩阵的左上方，应得的成功，源自正确的过程管理，我们的思维惯性也会如此。

但是事实是，很多时候，我们的好结果，仅仅是源于好运气，特别是在自己不熟悉的投资领域。

第一章
你的投资心理已经决定了你在入场后的输赢

以房产为例，在 2012 年到 2016 年这几年中，全国各地的房子都在大涨。于是，很多人在这一轮的大涨中赚得盆满钵满。这种结果的成功，让很多人都想当然地觉得这是因为他们卓越的投资眼光和专业的判断力。

于是，这份自信，又被带到其他的投资中去，比如炒股、买 P2P、做字画收藏，等等。

笔者之前遇到过一个咨询者，他前几年在房产市场中赚了 1000 多万元，随后，他就把这笔钱投到股市中去。他对于炒股的基本知识一无所知，只知道买入卖出赚差价。于是，他在网上疯狂地搜索各种小道消息，并且加了一个炒股群，这个群的老师据说是一个"股神"，为了加入这个群，他花了近 3 万元。后来，这 1000 多万元亏到了 200 多万元，然而，他还不愿意卖，坚信这些公司的股票价格一定是被低估的，以后一定会翻好几倍，最后他甚至动了抵押房子抄底入场的念头。

他的太太情绪很激动，和他发生了激烈的争吵。他很痛苦，也不解，之前房产投资这么成功，其实也就是简单的买和卖，就赚了这么多，为什么到了股市中，他的所有眼光和判断都不灵了？

跟他仔细聊过以后，我了解到，他炒房的时候，手头只有 200 万元，那时候，买完房子很快就可以做抵押，抵押完后，拿到钱继续买下一套，一环扣一环，最多的时候，他手头持有的房子达到了十几套。

短短几年时间，从 200 万元到 1000 多万元，翻了 5 倍，这个 5 倍，就成了他的"价格锚点"。这么高而不切实际的锚点，让他在潜意识里认为，自己炒股也可以如此轻松地赚 5 倍，从 1000 万元，炒成 5000 万元，彻底实现财富自由。

我和他分析了当年他房产投资成功的原因，他动用了这么多的杠杆来买房，其实是非常不理性且危险的。一旦当年的房产调控政策发生变化，比如银行收紧信贷、房贷利率上升，或者发生疫情等不可抗力事件，导致房价下跌的负面情绪高涨等，他可能这辈子都无法翻身。所以，这个过程其实是一个错误的过程，但是这个过程，却让他赚到了人生的第一桶金，这只是因为他运气好，遇到了好时候，仅此而已。

当他涉足股市以后，遵循的是使用内幕消息炒股的方法，甚至迷信一些所谓的"专家"。这也是错误的过程。只不过，这一次没有了好运加持，注定失败。

所以，回到上面的矩阵图，我们会发现：当我们取得好的结果的时候，并不能完全把原因归到自己身上，还要考虑是不是有运气成分在；当我们做了一件事，但是结果却不尽如人意的时候，也没必要过度自责，可能我们只是差了一点好运气而已。要尽可能理性看待造成每一个结果的原因，分析我们做的每一个投资决策的过程是不是符合客观实际。

有一句老话"尽人事，听天命"，说的就是这个道理。

这个尽人事，就是这一节中强调了3遍的一个词：过程。在投资过程中，结果是完全不可控的，各种外界的不可抗力都会成为影响结果好与坏的"运气"。唯一可控的，就是"我们要如何做"的这个过程。

第二章

投资"稳"赢的3条铁律

"稳赢"这个词，拓展开来就是，"稳稳地赢"。这几个字，应该是每个人追求的人生目标。靠着概率性事件赢不难，但是，能够稳稳地、100%确定地赢，却是难于上青天。

在理财投资中更是如此，我们都听过一句话：投资有风险，理财需谨慎。往往你想要获得的收益越高，你所承担的风险就越大。在之前的章节中，笔者也提到过：当我们看到高收益，很多人会不自觉地忽视它的风险性，这种人性的贪婪，就是我们没办法实现"稳赢"的重要原因。

因此，人性需要纪律的约束，把贪婪锁在纪律的铁笼中，我们才能在投资的过程中实现稳赢。

笔者在这一章中，并没有仅仅使用"纪律"一词，而是用了"铁律"，这个词在部队中被提到得最多。笔者认为，部队是对纪律要求最为严格，甚至严苛的地方。笔者有一个好友，之前是空军的女兵，后来转业回到企业做总经理助理。每次我们见面，她都会提前半个小时到达我们的约定地点，从未有过例外。我就问她：为什么会这样？她说，这是在部队养成的习惯——每次集合或者开会，都不可以迟到。所以，她每次都会要求自己提前半个小时就到，以防中间遇到任何不可预测的因素。拥有这样素质和习惯的人，在笔者见过的这么多人中，也仅此一位了。

所以，不得不说，部队的这种铁的纪律，真的是深深地刻入每个军人的骨子里。我很尊重这种纪律，也崇尚在做投资之前，先把"铁律"牢牢记清楚，并且刻到骨子里，才不至于在后面的投资过程中输得一败涂地。

如同《三体》中所说的：弱小和无知不是生存的障碍，傲慢才是。

第二章
投资"稳"赢的3条铁律

在可承受的风险范围内，做正确的事

笔者有一个朋友黄女士，是一个"拆二代"，家里人名下有七八套房，而且价格都不便宜。2014年，P2P盛行的时候，她也被高利息吸引，抵押了家里两套房子，套现500万元投入了某个号称收益10%的平台。她的同事李女士看到她居然抵押房子也要去存P2P，就断定这个平台肯定很安全，于是也抵押了自己家里唯一的一套住房，拿到200多万元后全部投进了这个平台。

没过多久，P2P平台暴雷，她们投资的平台也一直迟迟没有做兑付，最后血本无归。黄女士很沮丧，但是，她很快出手了手头的两套房子，把这个大窟窿补住了，生活依旧继续。但是李女士就没有这么好命了，从暴雷那一天起，她和丈夫就陷入了冷战，丈夫觉得当时她固执己见地抵押房子，让家里凭空多了200多万元的负债，这个事情他无法容忍和接受。后来，两人离婚，李女士一个人带着孩子，每个月工资只有5000多元，还要偿还200多万元债务，日子过得非常拮据。

在笔者看来，这个案例中的李女士犯了大多数投资者都会犯的一个错误：不了解自己的抗风险能力。

正如第一章中所阐述的，大多数投资者在买房、炒股、买基金之前，都是抱着自己必定会赚钱的心态。所以，进场时的这种心态，决定了他们内心对风险是缺乏敬畏和评估的。

笔者前两年有幸去到一家有名的家政服务公司"好慷在家"做访学，他们的 CEO 李彬介绍了企业内部一年一度的独特会议：倒闭演习。顾名思义，在这个会议中，参会的高管会提出很多可能导致企业倒闭的风险，比如疫情、品牌危机等，并讨论出相应的解决方案。

李彬还提到，他们做倒闭演习最重要的原因是，在 2020 年的那一轮疫情中，公司账上一度只有一个月的工资，差一点倒闭，幸运的是，后来有一笔融资的钱及时进来了，才侥幸活了下来。

从那以后，倒闭演习就成了他们每年必开的，也是最重要的会议。

听完来龙去脉，我很惊讶，一家做到家政排名第一的公司，每年要思考的问题居然是：我们要是面临各种倒闭的情况，应该怎么办？

这种强烈的危机意识和风险意识，同样可以应用于个人投资。你是否考虑过：你做的每个投资决定，会对你的家庭产生什么样最坏的影响，这个影响又是否是你可以承认和接受的？

假如上面案例中的李女士在进行这么大一笔投资之前，仔细想过最坏的后果，她一定不会做出这样的投资决定。

每个家庭的情况不一样，所能够承担的风险等级也不一样，**我们在投资时要坚持的第一条铁律就是：评估自己所能承受的风险等级。**

你可能会问：这个风险等级怎么评定，是不是和我们在银行做的风险等级测试一样？

第二章
投资"稳"赢的3条铁律

我想讲的是：评估步骤和银行的还是有一些不同，具体如下。

步骤一：投资风险强度测试

这个步骤很简单，我们只要简单地询问自己几个问题。

问题1：你是否可以接受亏损？

问题2：如果可以接受亏损，可以接受最大多少的亏损，是10%，还是20%，或者是更多？

问题3：当遇到最大可能亏损的时候，会面临什么样的家庭风险？

在做每一笔投资前，都要认真地问自己这3个问题。

以上文中的黄女士和李女士为例，她们两个人对这3个问题的答案肯定是截然不同的。

黄女士可以接受亏损，因为损失这500万元最严重的后果就是失去两套房子，这对于黄女士来说可以接受；但是如果博一下，成功了，可以赚取50万元的零花钱，因此值得一博。

而李女士是用自己家庭中唯一的住房做抵押。失去了这笔钱，就意味着"一夜回到解放前"，自己和家人是无法接受这种损失的。哪怕赌输的概率很低，但一旦输了，就是一无所有。因此，她不应该做这笔投资。

步骤二：投资风险识别，即了解你所投资的这个项目，究竟风险系数如何

在投资领域，有一个非常有名的投资金三角：收益性、灵活性和安全性，这三者永远不可兼得。也就是说，如果有一个人跟你介绍的一个项目，收益性又高，灵活性又强，又绝对安全，那这个项目一定是个骗局。资本是嗜血的，总是会嗅着最佳的项目而去。所以，即使真有这么好的项目，也一定会被大量的资本捷足先登。

符合市场规律的投资项目，往往都是无法三者兼得的，也就是说：如果这个项目收益性高，灵活性强，那么安全性一定是比较弱的，股票和基金投资就是这类投资项目；如果这个项目灵活性强，安全性高，那么收益一般都比较低，银行活期存款就属于这类；如果这个项目收益性高，安全性高，那么灵活性一般比较差，保险产品中的储蓄险就属于这类。

所以，通过这个理财金三角，你可以清晰地识别出你将要投资的项目有哪些基本的特征。

表 2-1 是常见的投资项目汇总，在投资时可以作参考。

表2-1 常见投资产品类别与特点

产品类别	投资特点
股票、基金、期货、纸黄金等其他金融衍生品	收益性高，灵活性强，安全性弱
保险储蓄险、国债、银行大额存单、定期存款、信托	收益性高，安全性强，灵活性弱
银行活期存款、货币基金	灵活性强，安全性强，收益性低

步骤三：进行投资，并动态调整

所有的投资都不是一劳永逸的，需要进行动态调整。很多人一旦吃过一种投资的甜头之后，总想着可以再次尝试，再吃一次甜头，这是人性使然。但是正是这样的思维习惯，让我们在哪里风光无限，又是在哪里跌落谷底。

家庭理财是需要随着家庭经济结构和国内经济结构的变化而变化的。

第二章
投资"稳"赢的3条铁律

首先来看家庭经济结构。

30岁之前的你,收入有限,还要还房贷、车贷,各种交际应酬、穿衣打扮,都要花钱。这个时候的你,可能缺少足够的本金去投资,甚至一些基础的储蓄都很难做起来,只能做一些零星的基金定投。

30~40岁的你,结婚成家了,随着工作能力的提升,手头的钱也多了起来。这个时候,你想要做的是财富的保值和增值,所以会把较多的可投资的钱放到一些收益高,但是风险也较高的领域中,希望博一博高收益,即使亏损了,也还有机会东山再起。

40~50岁的你,工作稳定,收入越来越高,结余的钱也越来越多。经历了前十年的历练和折腾,可能亏了一些钱,也可能小小赚了一笔。但是迈入了中年以后,不再追求高收益,而是追求保本和踏实安心,这个时候,会更愿意把钱放在安全稳健的理财中。

以上只是笔者举的一个简单的例子,当然不能代表正在读这本书的你的态度和想法。事实上,现在越来越多20多岁的年轻人也开始追求保本和安稳,而不是追求高收益,甚至这些年轻人已经开始存储他们的养老金。

每个人的风险偏好不同,但是,我们在人生的不同阶段,风险偏好会截然不同。所以,我们一定要时刻用变化的眼光审视自己的投资结构。

再来看大的经济局势。

在不同的经济发展阶段,我们所要关注和使用的理财投资工具也是截然不同的。在后面的章节中,笔者会进行详细的解释,在这里,我们用一个简单的例子做一个解释。

在利率持续上升的趋势下,不建议大家持有较多的长期资产,比如

5~10年的国债和定存、债券、信托等，因为长期的持有，会让我们失去配置更高收益产品的机会。反之，如果我们预判利率会不断下行，我们可以配置一些长期的资产，尤其是长期的固定收益的理财产品。因为随着利率的下降，我们所能选择到的高收益固定收益的理财产品也越来越少，选择的时间跨度越长，越合适。

当然，利率的上升和下降受到国内外很多因素的影响，在后面的章节中，笔者会一一讲解。

综上所述，我们在投资中应该坚持的第一条铁律就是：在我们能够承受的风险范围内做正确的事，避免任何超越自己风险承担能力的投资。钱不是大风刮来的，但都是大风刮走的。这个风力一旦超过了你的风险承受能力，就可能刮走你辛辛苦苦赚到的钱。

分散投资：鸡蛋不仅不能放到一个篮子里，还不能放到一辆车里

有一次，我的一个朋友给我看她的投资组合，她很骄傲地说：露露你看，我的投资都分散开来了，我知道投资中有一个很重要的原则是做投资分散，不能把鸡蛋放在一个篮子里。

她的投资组合如下：

基金持有：

1. 某偏股型基金（重仓茅台等）10万元
2. 某偏股型基金（重仓新能源）12万元

股票持有：

1. 某消费品行业股 5 万元
2. 某通信行业股 5 万元
3. 某新能源股 10 万元

这个朋友的工作是新能源行业的研发岗，她对新能源的未来非常看好。

这个投资组合将资金分散投在了 5 个不同的理财产品中，表面上看，确实是把鸡蛋放到了几个不同的篮子里，但是问题在于：她是不是把这些篮子放在了一辆车上呢？

首先，这个组合中看似产品很多，但投资种类其实不外乎两大类：偏股型的基金和股票。而这两大类都是和股票市场牢牢挂钩的，所以，一旦股票市场整体出现了大的波动，她的这些投资都会受大盘的影响，出现大的波动。所以，她是把几个篮子都放在了"股市"这辆车上，一旦股市翻车，所有的鸡蛋就都碎了。

市面上可供普通投资者选择的投资工具有很多，光基金类型就有很多种，包括偏股型基金、偏债型基金、混合型基金等。上述的这个投资组合，并没有真正利用好这些工具。比如，偏股型的基金一般都要和偏债的基金一起配置，偏债的基金比较安全稳健：当股市为熊市的时候，偏债的基金往往价格上涨；当股市为牛市的时候，偏债的基金会价格下跌。

我们上学的时候，都学过"作用力"，所谓的风险对冲也是同样的原理，需要用不同的产品和工具，在相反的方向上用力，从而做到风险抵消，真正实现控制风险的目标。

再来看她的投资板块，第一只基金和第一只股票，都是消费行业的股票。消费行业属于顺周期行业的板块，经济整体向好的时候，消费行业一般也会比较好；但是如果经济低迷，这个行业各家公司的日子也都不会特别好过。所以，这两个理财产品，其实也是同一个板块，并没有真正分散风险。

第二章
投资"稳"赢的 3 条铁律

第二只基金和第三只股票以及我这个朋友所在的行业都是新能源板块，这个板块所占的资金量达到了 22 万元，超过了她所有投资的 50%。这是一个非常危险的信号，也是我们在投资中特别容易犯的一个错误：投资者都倾向于投资自己熟悉的领域和板块。因为在这样的领域中，我们会有掌控感和天然的安全感，觉得在自己熟悉的领域里犯错的概率会大大降低。这样的心理是很正常的，但是却很容易让自己全盘皆输。新能源板块虽然当下很热门，并且前景一片大好，但并不代表就一定没有风险。在投资中，我们要牢记：没有绝对朝阳的行业。比如以前被资本热捧的 K12 赛道，在短短一个月内，整个行业被连根拔起。

笔者有一个朋友，之前是某 K12 赛道公司的高管，除了自己的工作在 K12 之外，还持有公司大量的期权，同时因为非常看好这个赛道，他还持有很多 K12 公司的股票。然而，这一切，都伴随 2021 年的"双减"政策灰飞烟灭：他被公司优化掉了；同时，他持有的期权和股票也缩水、贬值，多年来的财富积累，在短短的一个月内回到了起点。最难的是，他还背负每个月 2 万多元的房贷，现金流断裂后，面临无钱可还的艰难境地。

上面这个投资组合的案例即是如此，看着好像做了分散，根本上还是风险聚集，一旦这个板块出现了系统性风险，一大半的资金以及自己的工作收入都会受到严重的影响。为了规避这个风险，我们在投资时要坚持的第二条铁律就是：**在进行理财产品选择时，一定要控制自己的偏好，尽量投一些和自己所在行业相反或者不相关的板块，避免出现"一锅端"的极端风险。**

最好的投资对象一定是自己

假如你手头有 50 万元的储蓄，现在摆在你面前有两个选择：第一个选择是去读某所高校的 MBA，学费大概正好 50 万元；第二个选择是选择付首付，买一套郊区的房子做投资。

你会怎么选呢？

如果是笔者来选，一定会选去读一个 MBA，因为通过读书，从知识层面上可以系统地学习很多新的知识，丰富我们的知识框架和理论。同时，也可以拓宽自己的社交圈，给自己将来的工作和生活提供更多的机会。简单来说就是：突破原有的认知和圈子。

但是投资一套房子所带来的结果是不确定的，房产可能会增值，也可能会亏损。如果增值，那么这个增值的部分，我们是否知道应该如何驾驭？如果亏损，我们又是否愿意承担这样的亏损？

民间有一句老话：财德配位，方能行稳致远。这句话的意思就是：一个人所拥有的财富和他的德行需要保持一致，这样才能走得又稳又远。我们经常形容一些财德不配位的人为"暴发户"，这些人可能出于各种原因，赚到了人生的几桶金，但是因为他们自身能力有限，即使有了这么多钱，

第二章
投资"稳"赢的3条铁律

他们也不知道如何使用和驾驭，往往很快又流失了。

对于德行的修炼和金钱的驾驭，都需要不断地学习；否则，凭借运气赚来的钱，又会"凭实力"亏掉。

所以，回到前面的这个选择：即使我们选择了投资房产，然后小赚了一笔，后面又将如何？

当然，所谓的投资自己，有很多种方式。投资在学习上，只是其中一种。

很多年轻人会花大量时间研究各种和投资相关的知识，学习各种如何炒股的课程等，但是忽略了自己本职工作中的职业技能提升。

不论是何种投资，都有很高的专业门槛，但是却又几乎没有入门门槛。任何人都可以带着身份证去开户，但是却忽略了在资本市场上，你的对手是多么专业。

笔者之前跟一个私募基金的经理聊天，我问他：你觉得散户在资本市场上屡屡被割韭菜的原因是什么？这个经理想了一会，回复我：因为资本市场的入市门槛太低，但是对于专业知识的储备量要求太高，大多数散户对于自己面对的竞争对手是谁，根本就一无所知。

这就好比在拳击台上打比赛，A 是平时跟着抖音上的课程随便学习了几招，就觉得自己是能够打遍天下无敌手的拳手。B 是一个从 10 岁开始就进行了专业训练，每天练习 5 小时以上，每年打 100 场比赛的职业拳手。在这场对决中，胜负显而易见。

A 拳手就是我们所说的散户；而 B 拳手，就是资本市场中的机构。

所以，当现在很多人来问我如何通过投资赚钱的时候，我会告诉他们，让你能够赚到越来越多钱的，一定不是投资，而是你自身能力的提升和社

43

会价值的提高。

笔者遇到过一个放射科的医生，他平时工作很忙，也没有多少时间去消费，因此，他把钱都陆陆续续放进了股市。为了能够赚更多的钱，他一有时间就看股市，看各种炒股的书。因为是非经济学专业出身，很多内容都看不懂，他只好又花了几万元上网课。

就这样，他在工作的5年中将所有的业余时间都用在了炒股这件事上。我好奇地问他："既然你投入了这么多的钱和精力，你现在到底赚了多少钱呢？"他说："这就是让我很不能理解的地方。恰好前几天盘算了一下，发现自己忙活了这么几年，居然现在也就只是个不亏不赚。"

我笑了笑，安慰他："很多人全力以赴地炒股，结果还是以亏损了大部分本金收场，你这本金都还在，已经很好了。但是，咱们换个角度来想：如果这几年里，你把研究炒股的时间放在医学专业的学习和研究上，现在会不会有不一样的结果呢？"

他有点惭愧地说："确实，跟我一起进医院的同事，都已经开始写论文，参加各种考试，准备评职称，甚至有的已经评上职称了，而我还在原地踏步。"

我说："对的，术业有专攻，当病人来找你们看病的时候，肯定也是希望可以找到一个医术精湛的医生。这个精湛的医术，一方面通过不断的专业学习来获得，另一方面来自经验的积累，不管是哪一方面，都是需要大量时间累积的。我们每个人的时间都是有限的，如何最大化利用时间，产生最大化的价值，才是我们最应该做的事，对吗？"

这个案例放到任何行业都适用，当你花时间在资本市场上的时候，不

第二章
投资"稳"赢的 3 条铁律

如想一下：自己的专业知识足够精进了吗？自己在本领域内的专业能力，是否已经达到了天花板？是否还有更大可提升的空间？

所以，做家庭资产配置的第三条铁律就是：**最好的投资对象一定是自己，每年一定要给自己留一部分钱来规划学习和提升能力**。比如，你现在打开这本书就是你对自己的投资、对认知的投资。

第三章

先保人，再保钱：保障型资产先行

受历史因素的影响，很多人对于保险的认知还停留在"保险都是骗人的"这个意识中。确实，过去十几年，保险行业的发展一直都处于野蛮生长的阶段，各种销售误导和不合理的销售行为让第一批保险客户失去了对保险的基础信任。久而久之，这个从中世纪时代就存在的金融产品类型，在国内出现了"人人喊打"的局面。

也是因为很多人对于保险的天然不信任，很多家庭在进行资产配置的过程中，只关注如何让财富迅速地增值，却忽略了如何保障我们自己，如何保护我们的钱。之前笔者在医院照顾家人的时候，就听到很多病人家属抱怨，辛辛苦苦赚了一辈子的钱，最后都送给了医院。更让人震惊的是：很多老人在不知不觉中被一些骗子把自己毕生的积蓄都骗光。

随着现在国内保险市场越来越规范、监管越来越严格，从业人员的素质也越来越高，我们可以大胆地使用这种金融产品，为自己和自己的家庭构筑一个坚固的壁垒，保护好自己的每一分钱。

在本章中，笔者会梳理我们家庭中需要保障型资产的原因，并逐一阐述保险资产配置的几大原则；最后，再针对目前的不同保险险种进行讲解，帮助大家找到适合自己和家庭的保险产品。

由于本书的主要内容是关于家庭的整体理财规划，保险仅仅作为其中的一个板块，受限于篇幅和字数，很多细节可能无法详细展开。笔者在2022年出版了一本《你的保险指南》，在这本书中，对于保险的讲解和分析更加详细。如果看完本章后，你觉得需要进一步了解保险和保险配置的方法，可以以此书作为参考。

第三章
先保人，再保钱：保障型资产先行

为什么要先配置保障型资产

保障型资产，简单来说，就是保险，因为保险姓"保"，所以我们会把保险产品统称为保障型资产。

所谓的保障型，很多人会简单地理解成是保我们每个人疾病、意外、身故等不太美好的事情，但其实，保险也可以保钱和保物。在保钱方面：保险可以保障我们的钱不被乱花掉；在遇到一些极端风险的时候，可以做好资产隔离；在孩子上学以后，有充足的金额来缴纳孩子的学费；在老了以后，可以有资金来养老。在保物方面，最常见的是车险，还有一些大型的工程设备等，也都是需要保险来保障的。

保险产品之所以一直以来都和银行、证券并称为金融体系的三驾马车，是因为它具有其他金融产品都不可替代的功能：杠杆性。

以意外险举例，最常见的消费型意外险，一个成年人一年就可以用300元的保费撬动100万元身故的杠杆，杠杆率可以达到3000多倍。

这种杠杆，你在任何其他的金融工具当中都不可能见到。这也是为什么虽然许多富豪非常有钱了，但是依然会投一笔资金在保险当中。因为通过杠杆，我们可以最大限度地发挥钱的价值和功能。

笔者之前遇到过一个35岁的男性咨询者，之前对于保险一直非常排斥，觉得买保险很贵，还不如拿钱去炒股。在他看来，股市钱生钱的速度快，过不了几年，收益就可以超过保险能够给他的钱。但是，5年前，他在太太的强烈要求之下，配置了一款每年保费6000元、保额为40万元的重疾险。尽管心里很不屑，但是为了家庭的和谐，他依然配置了这份保险。不幸的是，在去年的一次日常体检中，他被查出甲状腺有一个结节，并被要求去医院做进一步复查，复查结果显示为甲状腺癌。他顿时有点慌了，虽然甲状腺癌很常见，但是毕竟带有一个"癌"字。手术做完后，他5年前"被迫"购买的那份重疾险给他一次性理赔了40万元。当40万元打到他卡里的时候，他说从来没有觉得老婆和保险这么可爱。

听完他的讲述，我忍不住问了一句："你股市里面的钱，现在赚了多少？"他一脸尴尬地说："最近行情不好，跌得有点惨。"说到这里我就笑了，说："你看，资本市场是锦上添花的，只有保险才是雪中送炭的。假如这次生病，没有保险理赔的这40万元，你在家休息的这段时间，只能靠着股票割肉来生活了，这样的日子，你肯定接受不了，对不对？"他点头，表示非常认同。

再举一个案例。2021年7月，郑州遭遇了百年一遇的大雨，大量的汽车都被浸泡在水里，许多商场都进水被淹，田里的农作物也在这场天灾中被冲走。不管是普通的市民、做生意的商贩，还是种地的农民，都遭受了经济重创。笔者在同年10月份去郑州出差的时候，当天下了一场雨，许多人都把车停在了高架上，害怕7月份的悲剧重演。很多人都以为，这么大的经济损失应由政府来承担，其实不然。在2021年9月7日的新闻发

第三章
先保人，再保钱：保障型资产先行

布会上，银保监会的发言人讲了以下一段话：

据银保监会统计，7月17日至8月25日，河南保险业共接到理赔报案51.32万件，初步估损124.04亿元，已决赔付34.6万件，已决赔款68.85亿元，整体件数结案率已达67%。其中，人身意外险（含意外医疗）件数结案率76%，车险件数结案率86%，农险件数结案率76%，特别是全损秋粮作物赔款进度超过了94%。

因为有些理赔的处理还需要时间，当时整体的结案率已经达到了67%，随着调查结束，预计实际的理赔金额会过百亿。这么庞大的一笔费用，可能对应的实际保费都不过亿。这样的"亏本买卖"，最后是由姓"保"的"傻傻的"保险公司去做。

这也是我会把保险提到这一章来讲的原因。大多数人都在想着通过资本市场实现一夜暴富，或者通过资本市场实现财富自由，殊不知，资本市场只会锦上添花，当你遇到巨大的风险，比如疾病、衰老、失业，或者遭遇自然灾害的时候，只有保险才会雪中送炭。

所以，对于这样雪中送炭的金融工具来说，我们要如何选择呢？下文我们会详细展开。

保障型资产配置基础原则

配置保险时需要遵循三大原则：

第一，先考虑大风险，再看小风险。

第二，先看体检报告，再看保险产品。

第三，先自省内心担忧，再看产品类型。

笔者会通过以往接触到的一些咨询者的错误案例，让你更好地理解这几个原则。

案例 1：每年过万保费，却抵不住一个极端风险

王先生之前是一家企业的高管，年收入 50 多万元，经常在外面出差，一年 365 天有将近 200 天都在高铁、飞机上。王先生一家在上海购置了一套房产，每个月房贷 2 万元左右，王太太每年的收入较低，只有 10 万元，两人有个 5 岁的孩子。王先生在外面赚钱，王太太更多地照顾家庭和孩子，这本来是非常幸福美满的一家人，但是在一场车祸后，这一切彻底发生了改变。

王先生在一次出差的路上遭遇了严重的车祸，下身失去知觉，

第三章
先保人，再保钱：保障型资产先行

没有办法继续工作。这次的事故中，王先生虽拿到了50万元的车险赔偿，但是却失去了工作，家里的现金流一夜之间断掉，还凭空多出了很多看护疗养的费用。为了省去护工的费用，也担心护工照顾不到位，王太太只能辞掉工作，在家里全职照顾老公和孩子。

王太太和王先生其实是有保险意识的，他们之前也已经配置了一些保险，但是当王太太把那些保单拿给我看的时候，我看到的都是小额的带门诊和住院的医疗险，其中虽有一份意外险，但保额却很低。王太太很沮丧，说："当时买的时候，就觉得日常生病的概率比较大，特别是门诊，一年总会头疼发热几次，去医院开点药，回来就能报销，觉得特别好。怎么都没想到这种小概率的意外事故会发生在我们身上。"我翻看了一下他们每年的保费，也要1万元左右，这么高的保费，却只能应对一些小风险。

我也很无奈。虽然因为车祸王先生得到了50万元的理赔款，但是这笔钱要支付他们家每个月2万元的房贷和孩子上学的费用，很快就会被烧完，到时候，他们该怎么办呢？

最后，王太太卖掉了100平方米的房子，到更远的郊区换了一套60平方米的小房子，为此孩子上学每天来回要1个多小时。

其实王太太的想法代表了很多人的想法，总觉得买保险就是要用的，用不上就觉得亏了，所以一些带门诊的保险就特别受青睐。很多业务员也特别愿意让客户配置这类保险，因为容易理赔，客户的体验感好，很容易再去配置别的产品。

但其实，**保险更大的作用是用有限、可预知的成本去解决潜在最大的风险**。以王太太一家为例，他们家最大的风险其实就是王先生本人。他的健康风险、他的意外风险、他的生命风险，都是需要排在首位去应对的风险点。健康风险可以通过买重疾险来应对，意外风险可以通过买意外险来应对，生命风险可以通过买寿险来应对。虽然这些风险和门诊相比都是小概率事件，但是一旦发生，对于整个家庭来说都是灭顶之灾。而门诊的花费一年也只不过几百、几千元而已，就算没有保险，全额用现金支付，也不会对家庭的财务状况造成任何的负担。

案例2：花费几个月时间研究保险，最后却是白忙活

小白是我一个非常年轻的客户，硕士学位。因为想买重疾险，她开始从网上找文章和资料，陆陆续续研究了几个月，各种产品和基础知识记了满满一本子。一天，她在哔哩哔哩上看到我，于是把笔记拿给我看，我打开以后，发现她将各种市面上的重疾险产品进行了横向和纵向比较，细致程度让我这个专业人士都自叹不如。

她说，研究了这么多，越研究，越不知道怎么选，因为每个产品都有自己的缺点。可能在这个帖子里，看到在鼓吹这个产品，但是到了下个帖子里，又是各种关于这个产品有坑的说法。到底应该怎么选，她完全没了主意，都要抓狂了。

我问她研究了多久了，她想了想，说有3个月了，每天下了班就开始看，看到现在已经要崩溃了，最后看到了我的访谈视频，

第三章
先保人，再保钱：保障型资产先行

决定来找我问问专业意见。

我放下手里厚厚的本子，问她："你的体检报告可以发给我看看吗？你想配置重疾险，这个是和你的身体状况有关系的，我需要先来看看你的体检报告。"

她果断地说："我们公司每年都有体检的，医生说我的体检报告没有问题的。"

我说："但是我还是需要看一下报告才能确认，这也是对你负责，因为重疾险都有健康告知的问询。"

她打开手机，翻开去年的体检报告给我看。我刚看了没几行，就赫然看到了"肺结节"3个字，拉到后面看详细的肺部CT报告，显示是"肺部多发性结节"，个别大小超过了5mm。我问她："这个是去年第一次发现吗？"她说："对的，我去看过医生，医生说没事。"

我说："临床医学和投保中要用到的核保医学是不一样的。临床医学中，只要短期内不会有太大的健康隐患，一般医生都会说没事，定期观察就好。但是在投保过程中，保险公司会审核我们递交的健康材料，比如体检报告，如果某一项异常，保险公司就会考虑这个异常会不会在将来数十年中带来什么理赔风险，毕竟如果每个人都有很高的理赔风险，保险公司的经营风险也会很大。"

肺结节就是这样的一个指标，临床上，医生会觉得定期观察就好，但是在投保过程中，保险公司会觉得有肺结节的人会有比

57

较大的肺癌得病风险，所以一般保险公司都会选择拒保的。

小白睁大了眼睛，不可思议地看着我："你的意思是，我现在都买不上重疾险了？"

我点点头，她有点生气，说："我就不相信了，我去买保险，他们有钱还不赚吗？"

过了一段时间，小白主动问我，要怎么样才能配上重疾险。她投的几家，果然都被拒保了。

其实像小白这样的客户挺多的，在投保前做了很久的功课，最后在投保的时候，发现自己的身体状况居然不符合投保条件，白白浪费了很多时间不说，还觉得很难过。

所以，**在投保之前，一定要记得先翻阅一下自己的体检报告，看看是否有一些影响投保的健康异常**。在笔者前一本书《你的保险指南》的第二章中，笔者详细解读了许多常见的会影响投保的健康问题，比如甲状腺结节、乳腺结节、高血糖等常见异常。并且，书中还针对如何解决这些健康问题提出了许多建议，既可以改善身体健康，又可以大大提高投保的通过率，有需要的读者朋友可以自行购买。本书中，就不多做赘述。

案例3：鞋合不合脚，只有自己才知道

小琳是一个耳根子特别软的女孩子。她找到我的时候，拿了十几份厚厚的合同给我，跟我抱怨道："我这么十几年，也算是给家里人陆陆续续买了很多份保险了，但是我妈妈前几天住院，

第三章
先保人，再保钱：保障型资产先行

花了5万多元，这么多保险中，居然没有一份可以报销的，我太生气了。"

我问她："你这么多保险，都是自己主动去购买的吗？"

她说："不是的，是周围有各种朋友转行做保险，都会来找我推销，我也不知道别人推荐的是什么产品，就听他们说这些产品怎么怎么好，然后就下单买了。直到前几天妈妈住院，我记得这几份保单中，也有给妈妈买的，于是就去问之前卖我保险的朋友，他们都不做了。我又给保险公司打电话，又被告知这几份保单都无法理赔。"

她看到我的联系方式以后，果断来找我，想问个明白。

我从那十几份保单中，找到了3份被保险人是她妈妈的保单：有一份是长期意外险，每年保费3000多元；有一份是两全险，每年保费6000多元；还有一本是终身寿险，每年保费1万多元。

我问小琳："你最担心妈妈的问题是什么？"

她说："当然是妈妈的健康呀，她要是住院的话，花费都是我来支付，这次还好只是动一个小手术，万一后面有啥大问题，我都怕我付不起。"

我说："所以，你最需要给妈妈配置的其实是医疗险，就是住院报销的产品，而不是保意外、保身故的产品。"然后，我就把这几份合同给她详细解释了一下。听完后，她特别生气，但是却又无能为力。虽然她知道现在妈妈更需要医疗险，但是，妈妈已经做过一个小手术，最近几年是没有购买商业医疗险的资格了。

最后，为了能够让她略微安心一些，我让她给妈妈赶紧配置一份当地的惠民健康保，虽然报销的门槛更高一些，但是聊胜于无。

笔者经常遇到像小琳这样的咨询者，拿着一堆的合同来找我，抱怨之前买了这么多，居然到用的时候，一份都用不上，然后纷纷觉得保险都是骗人的。其实，保险不骗人，保险的所有保障都是白纸黑字写在合同里面的，怎么会骗人呢？但是，在很多保险销售过程中，销售人员为了主推某一个产品，确实会存在夸大和误导，让客户做了错误判断。

所以，笔者一直强调，在配置保险之前，一定要先仔细思考自己最担心的问题到底是什么。如果是担心在医院发生的医疗费用无法承担，那就配置医疗险；如果担心生病了，无法找到合适的医疗资源，那就配置高端医疗险；如果担心生病了收入断流，以及一些院外的看护费用，那就配置重疾险；如果担心去世了，家人会无所依靠，那就配置寿险；如果担心孩子上大学时资金储备不足，那就配置教育金；如果担心自己的退休质量没有保障，那就配置养老金……

出于对不同风险的担忧，我们所匹配的产品类型是截然不同的。 但是如果自己没有想清楚，反而被产品牵着走，那就好像买了一双不合脚的鞋子，忍着痛还要每年缴费。

所以，保险配置是一项很重要的家庭资产配置工作，也值得我们花时间和精力去与一个专业的保险从业人员进行深度的沟通，做一套完善的家庭方案。而不是今天听一个人讲一个产品就下单，明天听另外一个人讲另外一个产品，又去下单。没有规划的保险配置，是非常容易造成配置错乱的。

第三章
先保人，再保钱：保障型资产先行

你的家庭需要配置什么样的保障型产品

笔者的很多咨询者互相之间都是朋友，经常会有一个咨询者A，把我介绍给他周围的人。当他的朋友来找我做咨询的时候，就会说："A怎么做配置的，也按照他那一套给我来就行，我直接来'抄作业'。"

每次遇到这种要求，我都会委婉地拒绝。拒绝的原因有两个：第一，A是如何配置的，这属于客户的隐私，我不会把这么隐私的方案透露给任何人，包括他的好朋友，除非是A自己主动告知。第二，虽然不同家庭之间会存在一些共性，但因为收入能力不同、家庭结构不同、所处的家庭阶段不同，风险点也不同。如果每个家庭的方案都是一模一样的，如何能够精准地应对每个家庭不一样的风险点呢？

在下文中，笔者会先简单介绍家庭保险配置的常见险种类型和解决的问题，再以不同的家庭类型为例，仔细讲解不同的家庭适合的产品组合和搭配方式（由于篇幅有限，如果想要进一步了解相关内容，可以参阅本人撰写的另一本书《你的保险指南》）。

重疾险

重疾险又被称为大病险，顾名思义，指的是得了重大疾病可以获得一次性理赔的保障类型的产品。

很多人会觉得：都生病了，我要这笔钱做什么用呢？下面，笔者就以之前一个真实的理赔案例来说明重疾险在家庭生活中的重要作用。

陈先生是一名优秀的民航机长，也是家里的经济支柱，每年收入有 100 多万元，陈太太全职在家照顾刚出生的宝宝。他们在某核心城市有一套房产，每个月房贷约 2 万元。

在一次公司的例行体检中，陈先生被检查出肺部有一个磨玻璃结节，并被要求去专科医院做进一步的检查。因为飞行员的体检报告都会实时传到公司，所以，航空公司为了安全起见，让陈先生暂时停飞，等复查结束有明确的治疗方案后再酌情安排飞行计划。

陈先生检查完后，被医生高度怀疑是恶性肿瘤，并要求其尽快住院手术。手术结束后，确诊为肺癌。幸运的是，陈先生发现得比较早，还没有发生明显的转移，等到陈先生康复出院以后，却接到了调岗通知，从之前的机长变成普通的内勤，收入锐减到 40 万元左右。

整个治疗过程一共持续了将近 2 个月，这 2 个月，陈先生仅仅收到 2 万元左右的基础工资，都不够支付房贷。而且，因为肺癌术后还需要半年左右的休息时间，航空公司也仅支付他的基础

第三章
先保人，再保钱：保障型资产先行

工资。

幸运的是，由于陈先生前几年配置了200万元的重疾险，加上航空公司也给员工配置了一定的商业保险，陈先生一共拿到了接近400万元的理赔款。

有了这笔钱，陈先生可以安心养病，不用担心家庭负担的问题，也可以坦然地接受工作的调动和收入的降低。假如没有这笔钱，我相信不管是谁，都会感觉到压力，无法躺在床上安心休养吧。

我常常说，重疾险更像是一个心灵安慰剂，也可以说是很多心病的特效药。很多人生病以后，变得郁郁寡欢，甚至抑郁自杀，造成这些心理问题的，大多是因为钱的问题。有些人从银行卡的余额上来看是不缺钱的，但是想到自己辛苦一生的积蓄，都要花光在治病上，任谁也不太能接受。但是保险的理赔款就不一样了，花着不心疼，有这笔钱在，也会安心许多。

现在，国内的重疾险也已经发展得很成熟。从2021年2月1日开始，重疾险产品中的名称和定义都被修订。现在市面上的重疾险中高发的重疾的名称和定义都是由保险行业协会和医师协会统一制定的，比如恶性肿瘤，不存在哪家宽松、哪家严格，所以，可以放心地去市场上选购。

重疾险按照赔付次数来看，可以分为单次赔付的产品和多次赔付的产品。单次赔付的产品指的是理赔过一次重大疾病后，合同就结束了。比如某人得了乳腺癌，乳腺癌属于重大疾病中的恶性肿瘤，符合重大疾病的理赔条件。所以，对于单次赔付的产品来说，理赔完以后，这个合同就结束了。多次赔付的产品指的是理赔过某一个重大疾病后，将来再得别的重大疾病，依旧可以获得理赔。从费率上来看，两种类型的产品价格差别并不是很大，所以，在预算允许的情况下，建议优先选择多次赔付的重疾险。

按照保障期限来划分，重疾险分为终身的产品和定期的产品。终身的产品顾名思义，指的是保终身的；定期的产品，指的是保到某一个特定的年龄，常见的有70岁、80岁。因为年龄越大，得重疾的概率就越大，所以，保的时间越久，自然保费就越高一些。但是因为很多年轻人刚步入职场，收入一般，因此，可以先从定期的产品入手。

当然，重疾险当中也有一些特殊的保障，比如癌症多次赔付、心血管多次赔付等。这种保障适用于一些有疾病史的家庭，比如家里面如果有癌症或者心脑血管疾病的病人，那么，在产品的选择方面，可以选择更多关于家族病史的疾病风险产品。

医疗险

医疗险属于就医报销类型，一般在医院所产生的费用，都可以通过医疗险进行报销。

按医疗险的保障层次分，有小额医疗险、百万医疗险、中端医疗险和高端医疗险。

百万医疗险最近几年很火，因为其保额高，保费低，便迅速吸引了许多人的关注。

这种类型的医疗险一般保额都是100万元起步，多的可以达到600万元，报销的上限很高。但是，报销的门槛一般都是1万元，也就是说，自费金额超过1万元，才可以使用该险种进行报销，如果没有达到1万元，

第三章
先保人，再保钱：保障型资产先行

则无法使用。

一般来说，花销超过 1 万元的，就属于比较严重的疾病了，所以该险种的理赔门槛还是比较高的，也因此，其保费比较便宜。对于一个 30 岁左右的成年人来说，一年的保费也就 300 元左右。孩子和老人根据年龄的不同，价格不同。孩子越小，保费越贵；老人年龄越大，保费越贵。

百万医疗险保费低廉还有一个原因是，这种类型的产品一般都是短期险，并且价格会有波动。也就是说，保险公司可以保留调价，或者暂停产品销售，或者有针对性地拒绝某个客户续保申请的权利。保险公司所保留的权利越多，其产品的价格自然也会越低。

所以，百万医疗险在选择过程中，需要着重关注续保的规则：有的产品是保证 20 年之内，每年都可以续保；而有的产品，则是每年都需要进行健康审核，一旦出现了健康风险，或者出现了理赔，可能会面临第二年无法正常续保的风险（虽然存在该风险，但是在现在的理赔实操中，大多数公司还是会给理赔过的客户续保）。

小额医疗险一般是用来和百万医疗险搭配购买的，主要是覆盖百万医疗险 1 万元免赔额的费用。所以，小额医疗险一般保额都不高，为 1 万元，也就是报销上限是 1 万元，超过 1 万元的，恰好可以用百万医疗险继续报销。

小额医疗险没有什么理赔门槛，无论花多少，都可以启动理赔程序，但是大多数的小额医疗险仅仅覆盖社保范围内的用药，这样，可报销的比例和金额都会比较少。因此，对于普通的工薪家庭来说，小额医疗险在刚需程度上没法和百万医疗险比。因为每年花费 1 万元，不会对我们的家庭经济造成太大的影响，但是如果花费的是 10 万元、20 万元，乃至 100 万元，可能就会让整个家庭陷入经济困境。百万医疗险和小额医疗险，哪个更刚需，由此可见分晓了。所以，有条件的话就搭配购买，经济条件不宽裕的话，就没必要。

中端医疗险和高端医疗险与百万医疗险最大的差别就在于可以覆盖的医疗资源不同。百万医疗险一般仅可以覆盖国内公立医院的普通部，而中端医疗险和高端医疗险可以根据产品保障的范围不同，覆盖到公立医院的国际部和特需部、昂贵的私立医院，甚至全球所有顶尖的医疗资源和机构，包括美国的梅奥诊所等机构。

当然，因为中、高端医疗险所覆盖的面广，保费相比百万医疗险也高很多，从几千元到几十万元，甚至上百万元不等，而且这些保险也都是交一年保一年的。

因此，中、高端医疗险适合那些年收入属于中高产阶层的家庭。他们收入高，同时对于就医环境和水平有自己的要求。一旦生病，他们一定会动用全球的医疗资源来治病。所以，对于很多这样的家庭来说，与其时刻储备几百万元在账上以备不时的医疗开支，不如每年花几万元买一张全球医疗通行卡，既不用准备这么多钱，还可以享受保险公司提供的各项就医咨询服务，比如链接到最合适的医生资源，选择最合适的治疗方案等。

商业养老金

你可能会说，商业养老金也是保障类型的产品么？当然是。

笔者记得有一年春节晚会的小品里，小沈阳说，人生最痛苦的事是，人死了，钱没花掉。赵本山说，错，人生最痛苦的事是，人还活着，但是，

第三章
先保人，再保钱：保障型资产先行

钱没了。

那么，等我们老了呢？等我们老到失去工作能力的时候呢？到那时现金断流是一个必然会发生的事情。我们无法预测自己的寿命，更无法判断到底要储备多少钱才能确保自己活着的时候一直有钱花。

所以，商业养老金保障的是我们的养老现金流，这当然也是保障型产品。在医疗水平飞速进步和生活质量越来越高的今天，预期人均寿命可能要接近 100 岁，甚至超过 100 岁。所以，有很多学者提出来，以后我们最大的风险是长寿风险。

你可能会说：我们缴纳的五险一金里就有养老保险，为什么还需要我们再购买商业养老金呢？

因为每个人的缴费基数和缴费年限不一样，笔者在这里没有办法计算一个具体的数字出来。大家可以去搜索"养老金"计算器，计算自己退休后，国家养老金可以有多少。看一看，这个金额是否可以满足你退休后的生活，是否可以维持你现有的生活状态。大多数人的国家养老金都是无法实现这一点的。

商业养老金和国家养老金相比，都是活多久领多久，和生命等长。能够实现这样功能的金融产品，除了保险，也没有其他了。

它们之间的不同点有以下 3 个方面。

第一，资金募集和发放方式不同。国家养老金是采用现收现支的方式，也就是说，我们现在缴纳的五险一金，已经被发放给了现在的老人，等到我们退休的时候，我们领到的钱是当时缴纳五险一金的年轻人缴纳的。鉴于我们国家的老龄化情况日益严重，年轻人越来越少，等我们退休的时候，真的不确定可以领取多少养老金。而商业养老金则是用年轻时的钱，养老年的自己，自己年老后可以领取多少钱，在投保的时候，都是确定好的。在投保的时候，我们可以清楚地知道，通过配置这份商业养老金，我们可以在退休的时候，领取到多少钱。比如，一个30岁的女生，配置了一份年保费2万元、缴费30年的养老金，等到她65岁退休的时候，每年可以领取6万元，也就是每个月可以补充5000元钱的商业养老金。

第二，领取年龄的不同。国家养老金需要达到国家的法定退休年龄后，才可以领取，并不能提前领取。目前政策下，国家法定的企业职工退休年龄是男性年满60周岁，女工人年满50周岁，女干部年满55周岁。但是，随着老龄化的加剧，我们的退休年龄大概率会延迟，国家也已经针对延迟退休征求过意见了。笔者认为，等到我们老了，退休年龄很有可能会是女性60岁乃至更老，男性65岁乃至更老。这并不是危言耸听，我们可以看今天的欧洲和日本，大量八十几岁的老人还在工作岗位上工作，这样的场景很快也会发生在我们的身上。商业养老金的领取年龄则是在投保的时候就确认好的，比如，假设我们的退休年龄是55岁，那么我们可以在投保的时候设置为55岁，等过了55岁，就可以开始领取我们的养老金了。即使那个时候，国家法定的退休年龄已经是60岁了。所以，商业养老金可以较好地对我们人生的现金流进行规划，而不是被动地等着政策来决定我们的生活状态和现金流。

第三，是否可以拿回本金。国家养老金在缴纳的时候，就分为个人账户和统筹账户。个人账户里的钱是很少的，大部分都进入了统筹账户。也就是说，假如一个老人在领取退休金没几年后，人就走了，那么他辛辛苦

第三章
先保人，再保钱：保障型资产先行

苦缴纳了这么多年的养老金，大多数也被统筹给了那些长寿的老人，只有个人账户中尚未领取的部分可以由自己的继承人继承。所以，我们经常说，老年人健康地活着，就是给家庭创造最大的财富。商业养老金有很多种不同的领取方式可以选择，不同的领取方式对应的是不同人群的需求。我们以一个40岁的女性客户为例，假设她选择了某款养老金，每年保费10万元，缴费10年，领取养老金的年龄是60岁。如果她想在退休的时候领取金额最高，则可以选择60岁时，每年领取10万元，活多久，领多久。若活到100岁，则可以领取到400万元。如果她想把本金100万元传承给孩子，则她可以选择另外一个领取计划，每年领取7万多元，依然是活多久领多少。身故后，最少还有100万元的本金留给孩子。

除了这两种以外，商业养老金还有保证领取20年、保证领取30年的不同计划。不同的人，可根据其不同的家庭状况进行选择。相比较国家养老金，商业养老金的灵活性要强很多。

很多人会问：养老金是不是等到快退休的时候配置也来得及？答案是否。商业养老金其实也是一种变相的储蓄理财，我们把钱放在保险公司那边时间越久，我们获得的投资回报，也就是养老金金额也越高。

所以，**对于普通的工薪阶层来说，可以通过降低每年的缴费金额，拉长缴费年限来储蓄养老金**，比如采用一年1万元、缴费30年的方式。对于一些收入很高，但是不稳定的客户来说，也可以采用一年期缴费，或者3~5年期缴费的方式来进行缴纳。

但是，可以确定的是，存的时间越早，后期领的金额就越高，所以，养老金的规划，也是越早开始越好。

现在有很多保险公司也纷纷推出了自己的养老社区，只要投保人配置了相关的养老金产品，就可以入住他们的养老社区。如果你想对养老社区做一个详细的了解，可以参考笔者的另外一本书《你的保险指南》。

意外险

意外险，指的是保一些意外事故的险种。所谓的意外，需要满足下面的4个条件：外来的、突发的、非本意的、非疾病的。

比如，我们最常见的交通事故就属于意外的范畴，符合以上4个条件。但是，有些情况，比如意外怀孕、猝死，虽然带了"意外"这两个字，但是却不能界定为意外。大多数的猝死，都是缘于之前自己身体本来就有的一些异常。比如常见的心源性猝死，指的就是心脏出了问题，突然导致的死亡。所以，这种"意外"是属于疾病类型，并不属于真正的意外。

意外险和其他险种相比有3个特点。

第一个特点是含有意外伤残的责任。

笔者常常和客户强调，发生意外，直接身故的概率是很低的，但是，发生伤残的概率却很高。

很多人听到伤残，第一反应是坐在轮椅上的残疾人，但其实伤残也并不都是这么严重的。伤残等级标准从10级到1级，10级是最轻的伤残，1级就算是全残了，比如双眼失明，或者完全瘫痪，都属于1级伤残。

在实际案例中，发生率最高的还是10级伤残。比如，断了一截拇指，就可以被评定为10级伤残。

如果被评定为10级伤残，理赔的额度一般是身故保额的10%。也就

第三章
先保人，再保钱：保障型资产先行

是说，如果意外身故的保额是 50 万元，那么 10 级伤残理赔的金额就是 5 万元。每上升一个等级，伤残理赔的保额就增加 10%，比如 9 级是 20%，8 级是 30%，依次类推。当然，有一些产品也会在伤残等级的界定上做一些小"调整"，比如 10 级伤残是 5%，9 级伤残是 10% 之类的。所以，在选择意外险产品的时候，要着重看一下伤残等级的赔付标准是否符合大众化的标准。

笔者之所以在上文强调伤残责任的重要性，是因为伤残所造成的看护费用往往非常高，伤残等级 5 级以上的残障人士大多都失去了正常的工作能力，还需要有人每天照顾他们的生活起居，开销少则每月 3000 元，多则上万元。虽然国家对于残疾人有专项的补贴，但是这些补贴对于他们的生活和日常的护理来说，只是杯水车薪。所以，如果可以通过意外险中的"伤残责任"一次性获得比较高的伤残补助金，则可以大大缓解由伤残造成的经济压力。

第二个特点是含有意外医疗。

意外险中的意外医疗，大多数都是涵盖了门诊费用的。比如，走路摔跤了，去医院门诊拍个片子，如果意外医疗是 0 免赔[①]的，就可以全额理赔；小朋友日常和猫猫狗狗玩耍的时候，很容易不小心被猫抓狗咬，这时候就需要去打狂犬疫苗，狂犬疫苗也属于门诊的报销范围。

当然，意外险医疗中，也可以报销因为意外导致的住院。比如，骨折后需要做手术，则住院后符合理赔条件的医疗费用，也可以进行报销。

[①] 0 免赔的意思是，花多少钱都可以报销，保险公司不赔的金额是 0。

上文讲到的医疗险，也是属于医疗费用报销型保险产品，所以，因意外事故住院时，如果同时拥有意外险和医疗险，则会看哪个险种的报销门槛更低，就优先采用哪个产品报销，剩余的金额用另外一个产品报销。

笔者之前有一个客户王先生，因为走路时看手机，不小心胳膊撞到了电线杆上，可能因为速度太快，胳膊当时就抬不起来了。到医院拍了片子，发现是粉碎性骨折，医生建议住院手术。王先生当时就蒙了，自己只是撞了下电线杆，居然情况这么严重。听了医生的建议后，王先生办理了住院手续，进行了后续治疗。

出院结算的时候，一共自费花了 2.5 万元，王先生有一个意外险和一个百万医疗险。意外险的意外医疗，免赔额是 0，报销的上限是 1 万元；百万医疗险的免赔额是 1 万元（超过 1 万元，保险公司才理赔超过的部分），报销的上限是 100 万元。

因此，在王先生的这个理赔案例中，我们会优先选择使用他意外险中的意外医疗进行理赔，理赔了 1 万元以后，剩下的 1.5 万元，通过百万医疗险进行报销。之前意外险理赔的 1 万元，可以用来抵扣百万医疗的 1 万元免赔额，也就是说，百万医疗可以继续再理赔 1.5 万元，相当于王先生住院所有的自费花销都由保险公司承担了。

第三个特点是杠杆高。

这个杠杆高指的是意外身故的保额比较高。现在很多短期的意外险，一年的保费是 200 多元，但保额最高可达 100 万元。用 200 多元钱，撬动 100 万元的保额，也算是所有保险产品中杠杆非常高的了。

所以，意外险对于每个家庭成员来说，意义都不同。对于成年人来说，经常出门在外，比较大的风险是意外身故和伤残，所以，选择的产品应额外侧重在意外身故和伤残的保额上；对于孩子来说，特别是小一些的宝宝，可能会经常出现摔伤、烫伤，所以，孩子的意外险除了对身故和伤残的保额有一定的要求外，应尽量选择 0 免赔的，同时涵盖社保内外用药的意外医疗责任。

定期寿险

定期寿险最近几年越来越火，主要原因是房价越来越高，很多年轻人的贷款压力越来越大。在一线大城市，一些年轻人买一套房子，掏空了几代人的家底后，还背负了几百万元的贷款。背贷款不可怕，可怕的是贷款还没还完，却出现极端情况。万一人走了，剩下的贷款谁来还？

前段时间，网络上有一个女孩发帖求助：自己怀孕 2 个月，老公在某大厂工作，但是在加班过程中不幸猝死。而他们刚买房没多久，房贷每个月 2 万元，老公在的时候，每个月还贷没什么压力，老公走后，她没有还款能力，问房子是否可以退。

这个帖子发出后，网友们纷纷在底下留言，问老公是否有配置什么保险。还有网友问，什么样的保险可以应对这个风险。

应对这个风险最简单的产品就是定期寿险，每一个高负债的家庭，都需要给家里的经济支柱配一份。

定期寿险，顾名思义就是保到一个固定的期限。现在市面上比较常见的保障年龄有60岁和70岁。一般来说，保到60岁性价比会更高一些。如果选择的是保到60岁，则指的是如果在60岁之前身故或者全残（包括疾病、意外等各种情况），可以一次性把保额理赔下来。

因为根据生命周期表来看，女性一般比男性更长寿，所以，定期寿险男性的价格是女性的2倍左右。

在保额的计算方式上，一般来说，除了家庭日常贷款外，我们还会计算孩子必需的教育费用、父母的赡养费用，以及其他必需的家庭开支。

所以，定期寿险的保额＝家庭贷款（含房贷、车贷、消费贷等）＋孩子教育费用＋父母赡养费用＋其他必需开支。对于很多在北上广深打拼的人来说，背负过千万的房贷是非常正常的事情，在这么重的负债压力下，定期寿险一定是这类家庭中最需要的一款保障型产品。

定期寿险又可以分为定额定期寿险和减额定期寿险。

下面笔者以王先生和李先生的投保案例，做一个详细讲解。

王先生今年30岁，刚组建家庭，迎来了一个可爱的小宝宝。家庭房贷约有300万元，为此，王先生给自己配置了400万元的定期寿险，保障到60周岁，每年保费3500元。不幸的是，王先生在40岁的时候，因为一场意外导致双腿截肢，失去了劳动能力，因为符合全残的标准，故王先生一次性获得理赔400万元。这400万元可以为王先生一次性还清房贷，剩下的可作为下半生的生活开销。

第三章
先保人，再保钱：保障型资产先行

李先生是王先生的同事，也是30岁，和王先生情况类似，家庭也有300万元的房贷，但是因为预算有限，李先生选择做了300万元的减额定期寿险+100万元的定额定期寿险的搭配，每年的保费约为2000元。在50岁的时候，李先生不幸因为疾病去世，那么，他可以理赔到的金额有：100万元减额定期寿险（300÷30×10）+100万元定额寿险=200万元。李先生的妻子用减额定期寿险理赔的100万元还清了剩下的房贷，剩余的100万元用作孩子的教育费用。

所以，减额定期寿险一般是和房贷一样，保额随着年限的拉长而降低，一般都是同比例降低（见图3-1）。从上述李先生的案例来看，他30岁的时候，保额是300万元，因为保障期限为30年，所以保额每年递减10万元（300万元÷30年），这和李先生家庭房贷总数每年都降低的比例基本

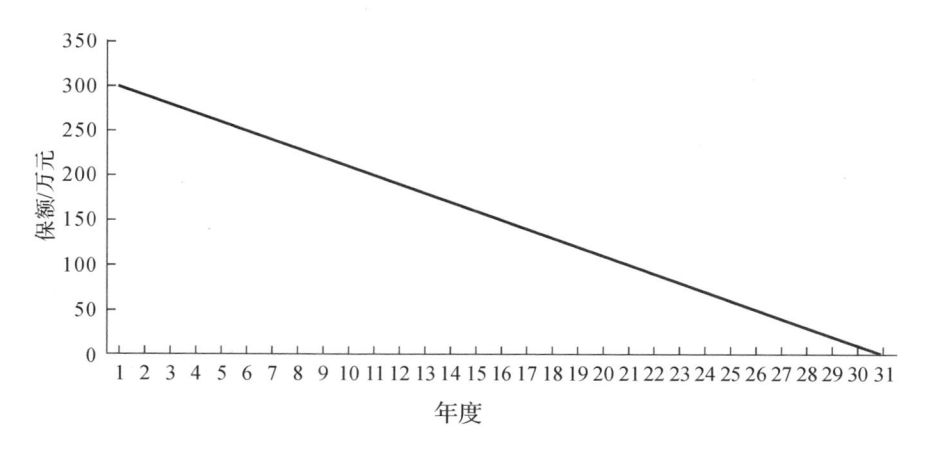

图3-1 减额定期寿险的年度保额变化

持平。

因为减额定期寿险的保费会比定额定期寿险便宜一半，所以，如果家庭的保费预算比较紧张，可以优先选择减额定期寿险。不过现在市面上的减额定期寿险产品不多，也希望保险公司可以多多开发一些类似的产品出来。

终身寿险

在很多人的传统观念里，死亡是很忌讳的话题。但是，最近几年，终身寿险却受到越来越多人的青睐，除了高净值客户之外，很多普通家庭也开始接受采用终身寿险的方式做资产的传承。笔者听到最多的一句话就是："反正我都要给孩子留钱的，怎么留都是留，这种留钱方式更不容易有纠纷，也更容易让孩子记住我。"

和上文的定期寿险不同，终身寿险是保终身的，也就是一直保到人去世，所以，终身寿险的保额是一定会拿到的，只不过是早或者晚而已。但是定期寿险只有在保障期间内去世才能拿到。所以，终身寿险的保费自然比定期寿险贵很多。

那么，为什么越来越多的人选择终身寿险呢？这是因为终身寿险有以下4个法律属性。

第一，终身寿险的身故保险金可以进行指定传承。比如，父亲留给女儿2000万元的身故保险金，可以指定女儿为唯一受益人，不会出现任何的传承失效。

为了防止女儿挥霍这笔钱，父亲还可以采用保险金信托的方式，把这

第三章
先保人，再保钱：保障型资产先行

笔身故保险金装进信托，按照生前的意愿，按月或者按年给女儿发钱，甚至这笔钱还可以照顾到女儿的下一代，甚至一代又一代（具体有关保险信托的内容请参照笔者的《你的保险指南》这本书）。

第二，**身故保险金可以不用偿还被保险人的债务，以保全资产**。假如父亲生前因为生意失败，欠了1000万元的债务，身故后，身故保险金有2000万元，指定受益人是女儿，则女儿可以直接拿走2000万元，无须偿还父亲生前的债务。

对于很多负债比较多的公司或者家族企业来说，能够给孩子留下一笔干净利落的净资产，也是非常不错的选择。

第三，**身故保险金是属于受益人自己的财产**。假如上文的女儿结婚后，婚姻不幸福，要离婚，则这2000万元不需要进行夫妻共同财产的分割，仍旧是女儿的个人财产。

在离婚率日渐上升的现在，越来越多的父母都不敢轻易把钱留给子女。笔者就曾遇到很多父母来咨询：自己要如何把钱留给孩子，才能保证这笔钱不会分给孩子的另一半。这不是因为父母不爱孩子，只是为了更好地保护孩子。

解决这个问题的方法有很多，其中有一个方式就是给自己买终身寿险，以孩子为指定的受益人，这样，即使离婚了，这笔身故保险金也永远是孩子的个人财产。富裕的家庭，可以配几亿元的寿险保额，普通家庭配50万元、100万元，也都可以。父母对孩子的爱，从不分多少，都是一样的重量。

第四，**寿险保单一般不会被强制执行，也可以保全家庭财产**。假如父亲是保单投保人，但是后续在公司经营中，不幸陷入一些债务纠纷，被债权人诉至法院，正常来说，法院不会冻结这份寿险保单。

但第四点的法律属性还存在一些争议，各地法院判决也莫衷一是。

笔者的看法是，如果投保人用来投保的这笔钱是借债所得，这份保单设立的目的就是恶意躲避债务，则法院有可能会强制解除这份保单，并且用保单的现金价值来偿还一部分债务。如果投保这份保单的时候，投保人是善意的，且保费来源清楚，则法院一般不作强制执行。

为此，如果你的家庭中，有以上4种需求中的某一种，你都可以考虑通过终身寿险来解决你的担忧和问题。

在产品分类上，终身寿险又分为定额终身寿险和增额终身寿险。

定额终身寿险的杠杆很高，以30岁男性为例，500万元的保额，每年的保费约为5万元，缴费20年，这就意味着，配置了以后，不管什么时候身故，都是理赔500万元。

增额终身寿险的储蓄性质更强，身故杠杆比较低，比如30岁男性，配置了一份"10万×10年"的增额终身寿险，第一年的身故保险金只有16万元，但是，如果活到90岁身故，身故保险金就已经达到670万元。同时，增额终身寿险因为现金价值比较高，适合进行日常资金周转。

所以，如果看重前期的身故保险金，则选择定额终身寿险；如果看重后期的身故金和资金的灵活性，则可以配置增额终身寿险。如果两者都看重，则可以使用定额终身寿险+增额终身寿险的搭配进行保单配置，确保保额不管在什么年龄都足够高，可以实现大额资产的传承。

第三章
先保人，再保钱：保障型资产先行

教育金

养老金是保我们长寿的风险，而教育金保障的则是孩子的教育费用。

很多家长可能会说：孩子的教育费用还用单独存到保险里面吗？我们有很多种存钱的方式，比如基金、股票，为什么要选择放在保险产品里面呢？

我们当然可以用很多更高收益的金融工具来规划教育金，笔者在后面的章节中，也会介绍如何使用基金、股票等工具来进行家庭理财和财产的规划。但是，教育金的特殊性，也决定了我们需要用保险产品做一些基础的储备。具体而言，教育金有以下几个特点。

第一，使用日期固定，没有弹性。

大多数家庭积攒的教育金都是给孩子读大学用的。这就意味着，到了那个时候，这笔钱一定可以取出来使用。

这个特征就直接决定了这笔钱不适合投资在具有波动性的理财工具里面，比如股票、基金之类。假如都投进了股市，恰好股市行情又不好，我们也不能让孩子推迟几年上学。

第二，持续周期长，花费多，且收入和花费成反比。

孩子的教育从3岁上幼儿园到22岁本科毕业，时间跨度长达将近20年，这20年恰好也是我们赚钱比较多的时段。但是矛盾点在于，我们的收入曲线是先上升再下降的，而孩子的教育支出却是逐年上升的，初中的花费一般会超过小学，高中的又会超过初中，一些高等院校费用也不菲，如果再考虑将来孩子出国的可能，那费用更是又要翻几番。

这也就决定了我们需要在收入较高的时候，把孩子将来的教育费用提前储备好。保险产品作为一个长期型的产品，可以跨越时间和周期，很适合用作基础的教育金储备。

第三，必须专款专用。

很多父母在存钱的时候，几乎不会想到这笔钱将来要用来干什么，只是恰好有结余，就存下来了。这样的做法可能会让一些家庭在遭受一些投资或者理财骗局时，其存款短时间内化为乌有。

教育金作为一项刚性支出，没有任何弹性。也就是说，我们必须提前把这笔钱和其他的钱分开，不能混在一起，更不能用这笔钱去冒高风险，博高收益。

专款专用的方法也有很多，比如，单独开一张银行卡，把孩子的钱存进去，任何人都不可以用，也可以单独做一个固定的指数基金定投，只进不出，也可以存一个教育金保单。单独开一张卡，把钱一直存活期，会白白损失很多的利息，而且，假如持卡人突然离世，这卡里面的钱，就会变成遗产，并不能真正用到孩子身上；单独做一个指数基金定投是一个不错的选择，但是因为指数基金也会有涨有跌，而且由于其灵活性特别好，如果遇到一些特殊情况，这笔钱还是有可能被家人挪用；存在教育金保单里面，前期支取会有本金损失，不够灵活，但是可以实现资金定向留给孩子，保证孩子的教育费用。

目前市面上的教育金产品不是很多，一般纯教育金的产品名称中都带有"教育金"3个字，如果不带这3个字的，往往是以其他产品形态包装成的教育金产品，需要稍作甄别。

第三章
先保人，再保钱：保障型资产先行

把保险中常见的产品梳理完后，针对不同的家庭结构，我们该如何去选择适合自己家庭的保单配置方案呢？

先来看丁克或者单身贵族。

现在越来越多的年轻人选择不结婚或者不生育孩子，这样的生活状态在年轻和身体状况好的时候，是完全没有问题的。但是一旦遇到了疾病或者意外，这样的生活状态很容易被打破。

所以，**如果你是丁克或单身贵族，在配置保险的时候，一定要给自己和自己的另一半配置足额的重疾险 + 医疗险 + 高额的意外险 + 养老金**。

如果你的收入很稳定，养老金可以采取长期缴费方式；如果你的收入不是很稳定，养老金可以采取短期缴费方式。重疾险的缴费期限可以拉长，因为重疾险本身有豁免的功能，也就是理赔过后，后续的保费就不用交了，并不会给自己带来太大的经济负担。

再来看新手爸妈。

现在很多人的保险意识都是从当了爸妈以后开始变得强烈。在孩子出生后，新手爸妈往往急着给孩子配置保险。这样的想法并没有错，但我们也需要知道，作为父母，我们自己健康，就是对孩子最好的保障。

所以，对于这样的家庭，**父母一定要先给自己做好配置，再给孩子配置**。

父母需要配置的有：重疾险 + 医疗险 + 意外险 + 寿险（定期寿险或者终身寿险都可）+ 养老金。

孩子需要配置的有：重疾险 + 医疗险 + 儿童意外险 + 教育金。

父母双方在进行重疾险和寿险保额分配和规划的时候，可以参考夫妻两人的收入水平和工作的稳定程度。比如，公务员的收入虽然不高，但是很稳定，即使生病了，收入也不会受太大的影响，在保额配置方面，不用过高，一般是3年左右的年收入即可。如果是自己创业做生意的，收入不稳定，建议保额配置得高一些，因为这样的工作性质决定了一旦生病，就可能会造成收入大幅度降低，同时生活成本和公司运营成本会比较高，需要充足的重疾险保额提高自己的抗风险能力。

当然，家庭成员工作的不同，也会影响对保险产品类型的选择。比如企业主客户，除了要有充足的重疾险保额，还可以使用保单去解决一部分的法律风险。而普通的工薪家庭在选择产品的时候，更多的还是考虑产品的价格和自己的保费预算，争取用最少的钱，获得最高的保障。

在选择孩子的重疾险时，可以优先选择少儿特定的重疾，这种类型的重疾险对于一些少儿高发的疾病，比如少儿白血病、严重川崎病等会有更高的赔付额度。

同时，需要给孩子配置一个终身的重疾险作为打底。很多父母觉得，孩子太小了，给孩子配置一个保障30年的重疾险就可以了，等孩子长大了，自己再给自己配置。但是，孩子在这30年中身体状况可能会发生变化，导致后续的保险配置受影响。比如，之前笔者就遇到过，有个宝宝在小时候就不幸得了白血病，虽然他有一份保障30年的重疾险，获得了理赔，但是，他将来却再也没有购买保险的资格了。同时，重疾险的保费是和年龄相关的，年龄越大，保费越贵，等孩子长大后，再给自己配置重疾险，这个保费比现在就给他们配置要贵很多。

少儿重疾险本身的保费就不是很贵，建议父母在平衡保费和保障责任的同时，还是要先考虑用保终身的重疾险做一个打底。

第四章

守住本金你就赢了一半：不可替代的无风险资产

最近两年，笔者发现越来越多的投资者开始关注保本的问题，在购买理财的时候，更多地关注理财产品是不是保本、会不会亏损。这也许是因为很多人被股市伤了心，一旦行情不好，账户余额直接被腰斩；也许是因为从 2022 年 1 月 1 日起，资管新规正式实施，大多数的银行理财也都不保本了，闭着眼睛买理财的时代过去了；抑或是因为房产投资的保值和变现能力都越来越差。不管是因为什么，我们都要认识到，保本型的理财产品一定是我们家庭的财务基础。那么，现在有哪些合适的保本理财产品呢？

国债现在还是"香饽饽"吗

去年的一天，早上 8 时许，我开车去上班，在一个路口等红绿灯的间隙看到马路右边的某家国有银行门口前排起了 30 多人的长队，队伍中基本上都是退休的老人。

到了办公室，我问助理："今天是不是有国债发售？"她查了一下说："对，今天有 3 年期和 5 年期的国债发售。"

"排队抢国债"，几年前曾屡屡登上新闻头条。当然，排队的基本上都是老年人这个现象，现在基本上已经很少见到了，不是因为国债不需要抢了，而是因为可以通过手机直接预约购买了，并不一定需要到银行门口去排队。而且，现在随着理财产品越来越多样化，年轻人更加愿意去接受一些新的理财工具，国债的"黄金地位"也在慢慢下降。

国债，顾名思义，指的是由国家发行的债券。简单来说，就是国家要跟你借钱，借完钱以后，再给你打个欠条，这个欠条就是国债券。

国债因为是由国家信用做担保的，所以又被称为"金边债券"；债券的收益率，也被称为"无风险收益率"。这两个名称，足以说明国债的安全性。可以简单理解为，只要国家运转良好，政府公信力强，国债投资就

第四章
守住本金你就赢了一半：不可替代的无风险资产

属于绝对的无风险投资。

但是很多人可能会好奇：国家不是很有钱吗？为什么还要向老百姓借钱呢？

其实，世界上大多数国家的政府都是负债运营的，政府虽然掌握了发行货币的权力，但是在政府缺钱的时候，却不能无休止地印钱，否则，就会导致严重的通货膨胀，造成严重的经济问题。

那么当政府缺钱的时候怎么办呢？其中一个方法就是向手里有钱的老百姓借钱。很多老百姓手里有一些储蓄，但是暂时又没有地方可以用，借给国家，可以在保本安全的同时，拿到一些利息。通过这样的运作，政府拿到钱可以去做一些惠民利民的工程，比如修建铁路，甚至做疫情防控，同时老百姓的钱也可以转起来，拿到利息，算是一件双赢的事情。

2020年，新冠肺炎疫情突然来临，口罩、防护服等各种抗疫物资的发放以及建设方舱等都花费了巨额的政府资金。同时，在全国抗击疫情的情况下，整个经济也受到了影响。为了缓解国库压力，在2020年，我国政府专门发行了总计2万亿元的抗疫特别国债，期限为5年和7年，发行的类型为记账式国债，个人均可以购买。

在当年的政府工作报告中，国务院总理李克强专门强调：用好抗疫特别国债，加大疫苗、药物和快速检测技术的研发投入，增加防疫救治医疗设施，增加移动实验室，强化应急物资保障，强化基层卫生防疫。[①]

抗疫国债就属于为了特殊目的而专门发放的一种国债。这种国债募集

---

① 李克强. 2020年政府工作报告[R]. http://www.gov.cn/guowuyuan/2020zfgzbg.htm,2020.

来的资金，只能用于专门和特定的目的。

我们日常可以购买到的债券有以下3种：记账式国债、凭证式国债和电子式储蓄国债。这3种国债的类型特点和购买方式均有不同，我们要在充分了解每种类型的优缺点后进行选择。

记账式国债

记账式国债，顾名思义，即采用电脑来进行记账的一种国债类型，又被称为"无纸化国债"。这类国债可以上市进行交易。既然可以进行交易，就说明这类债券存在"低买高卖"赚差价的可能性，当然也存在"高买低卖"本金亏损的风险。

所以，相比凭证式国债和电子式的储蓄国债，记账式国债更加市场化，虽投资风险略高，但是灵活性也更强。需要变现的时候，可以随时在市场上进行交易。

从利息支付方式上来说，记账式国债采用的是按年，或者按半年进行一次支付，这部分利息会自动发放到投资者的账户中。等到债券到期后，投资者可以一次性地拿回当期利息和全部本金。

下面，笔者通过一个案例，来讲解一下记账式国债在实际中的操作方法。

王女士是全职太太，先生是一家上市公司的部门主管，孩子已经上初中了，家庭年收入有150万元左右，算是中高收入的家庭。因为王女士日常空闲时间较多，所以，家里的钱都交给她打理。

第四章
守住本金你就赢了一半：不可替代的无风险资产

王女士在学习了很多国债的知识后，认为记账式国债更适合他们目前的投资风险偏好。为了购买记账式国债，王女士于某年6月30日去某证券交易所开设了一个账户，花了55万元买入了500份某记账式国债，该债券为10年期债券，距离到期日还有7年，每份票面金额为1000元（500份，即票面总金额为50万元），票面利率为3.5%，利息支付方式为每年12月31日支付一次全年利息。购买完成后，王女士拿到了该国债的对账单，这份对账单就可以证明王女士对这份国债的所有权。

到了当年的12月31日，王女士一次性收到了50万×0.035=17500（元）的利息。这个利息直接打到了她的账户中，王女士提现后，直接拿来买了一款心仪的包包。

到了第二年6月份，受大环境影响经济不景气，市场利率进一步下降。王女士手里的3.5%的债券变得越来越抢手，1000元一份的国债价格已经涨到了1150元。于是，王女士卖掉了200份，变现了23万元。这200份当年的购买价格为：55万÷500×200=22万（元）。这个操作，让王女士净赚了1万元。当然，到第二年的12月31日的时候，王女士收到的利息就变成了30万×0.035=10500（元）。

转眼间，债券持有到了第五年，经济复苏，市场利率预期要上调，王女士手里的债券市场价一路走低，300份债券的市场价只有29万元了。因此，王女士也就不进行任何操作了，耐心持有至第七年国债到期。到期后，王女士一次性拿回30万元本金＋当

89

年度 10500 元的利息。

我们来系统梳理一下王女士在债券持有期间每年的收益状况（见表4-1）。

表4-1 王女士债券收益情况

第X年	利息收益（元）	卖出收益（元）	总收益（元）
1	17500	0	17500
2	10500	230000-220000=10000	20500
3	10500	0	10500
4	10500	0	10500
5	10500	0	10500
6	10500	0	10500
7	10500	-30000	-19500
合计			60500

因为王女士在第二年的时候，卖出了200份债券，因此，从第二年到第七年，其持有的债券成本均为33万元，这7年的总收益为60500元。所以，总的看起来，王女士持有这个债券还是赚的。

由王女士这个案例，我们可以总结出记账式国债的几个关键点。

第一，购买的途径一般是在深市或者沪市开户，通过电脑或者手机就可以完成购买，方便快捷。

第二，国债所有权凭证为对账单，在购买的时候，并不会再提供实物或者纸质的单据给购买者。

第三，购买价格会高于或者低于债券的票面价值。

第四，该种类型的国债不一定要持有到期，在持有期间，可以进行灵活交易，但是卖出的市场价格会受市场利率预期的影响。

当市场利率预计要下行的时候，国债的市场价格会上涨，因为想要持有国债的人变多了。在需求增加、供给不变的情况下，价格会上涨。

如果市场利率预计要上涨，国债的市场价格就会下降，因为很多国债持有人会想要抛售手中的国债，去投资收益率更好的项目。卖的人多了，就是供给增加，但是需求量反而变少，因此，国债的价格会下降。在这种情况下，国债持有人依旧可以选择持有到期，选择拿回本金。

所以，这种类型的国债可以说是进可攻、退可守，不管市场利率如何变化，收益都比较稳定。

这种类型的国债，比较适合一些有时间，并且有一定投资知识和经验的投资者操作。通过一些频繁的交易操作，其所获的实际收益率可能会远远超过票面利率。

凭证式国债

凭证式国债，顾名思义，就是在购买国债后，会持有一个凭证。这个凭证就是手动或者机器填写的国债的收款凭据，只要拥有了这个凭证，就拥有了对国债的所有权。

从计息方式来看，凭证式国债是一次性到期还本付息的，也就是说，只有持有到期，才能一次性获得本金＋利息。那这是不是意味着在紧急需要用钱的时候，凭证式国债就完全无法提前支取呢？也不是，凭证式国债是可以提前支取的，只不过，支取的时间不同，所享受的利率是不同的，同时，如果提前支取的话，银行也会收取一定的手续费。

凭证式国债的购买方式是在银行柜台，我们经常看到有人在银行门口排队购买国债，一般都是在抢购这种凭证式的国债。目前，基本上一些大型的银行网点都会有凭证式国债的销售额度，如果你对这个工具很感兴趣的话，可以去联系家附近银行的客户经理，请他在有额度的时候，提前通知你。

因为凭证式国债是不能上市交易的，所以不管什么时候，我们都是按照实际的票面价值购买的。

凭证式国债相比记账式国债更加安全稳定，其收益是完全确定的，不会因为市场利率等外界因素的变化受影响，比较适合安全求稳、没有时间频繁操作的投资者投资。

下面，笔者以一个例子来讲述凭证式国债在实际中的操作方法。

李先生和李太太都在某互联网公司上班，家庭年收入接近50万元，但是，两个人经常要加班到深夜，日常时间也都被工作填得满满的。慢慢地，两个人攒下了50万元，不知道如何去打理这笔钱。

在一次投资课上，他们了解到凭证式国债既保本，又不用操心。更重要的是，他们近几年可能会有买房的计划，一旦买房，这笔钱就要被提前支取出来。因为这种不确定性，凭证式国债的提前

第四章
守住本金你就赢了一半：不可替代的无风险资产

可支取功能让两个人都很满意。

恰好那会儿赶上了某5年期凭证式国债（见图4-1）的发售，他们选择了一家额度充足的银行，一大早去排队抢购，顺利买到了50万元的凭证式国债，拿到了一张收款凭据，凭证上记录了他们的购买时间、年度、期限、年利率、到期日期、银行账户及户名，以及购买金额等基础信息。

夫妻俩回到家，把这个凭据放到保险箱中，因为将来需要带着这个凭据去进行兑付。

储蓄国债(凭证式)	
2022年第2期5年期第1次发行的国债	
国债代码	2022020501
发行期	2022-03-10 至 2022-03-19
到期兑付日	2027-03-10
最后计息日	2027-03-19
期限	5年
提前兑取手续费率	0.10%
持有期	年利率
6个月到1年	0.3500%
1年到2年	1.8200%
2年到3年	2.8400%
3年到4年	3.2600%
4年到5年	3.4000%
5年以上	3.5200%

图4-1 某凭证式储蓄国债利率

3年后，房产市场趋于稳定，李先生夫妇看上了一套房子，首付需要100多万元，他们需要把之前购买的50万元凭证式国债提前支取出来。为此，他们拿着收款凭据去了当时购买国债的银行，要求提前支取。银行柜员告诉他们，提前支取可以，但是，利率会按照分档利率来结算，该产品的3~4年期利率为3.26%，同时需要扣除0.1%的手续费，实际拿到手的利息总额为：50万×3.26%×3=48900（元）。李先生夫妇表示可以接受，而后顺利办理了取出手续。虽然利率没有5年期的那么多，但是对于李先生来说，也比存银行活期收益要高很多。

如果李先生夫妇没有买房子，而是将手里的国债持有至到期，则会在 5 年后根据票面规定的利率进行连本带利的结算。

假设票面利率为 3.5%，则这 5 年来，李先生可以拿到的总的利息为：50 万 ×3.5%×5=87500（元），这就是最简单的单利计算方法。

由李先生夫妇的这个案例，我们可以总结出购买凭证式国债的几个关键点。

第一，需要亲自去银行柜台购买。购买时，最好选择额度充足的银行，并且早点去排队，因为每家银行的额度都是有限的，卖完即止。

第二，凭证式国债的持有凭证就是收款凭据，该凭据可以挂失、补办。

第三，凭证式国债是绝对的安全保本，因为其不能参与市场流通，所以，不管什么时候都是按照票面价值来购买，并且享受利息。

第四，凭证式国债可以提前取出，但是会损失一部分收益，并需要支付一定的手续费。

因此，凭证式国债适合的群体就是像李先生夫妇这样的家庭——工作很忙，对投资理财知识掌握较少，属于风险厌恶者；同时，对于某一笔钱的使用，可能存在变数。

电子式储蓄国债

电子式储蓄国债现在成了很多年轻人的宠儿。这类国债我们可以直接通过某些银行的手机 App 下单抢购，避免了线下排队；在结算的时候，也不需要再去柜台。这非常符合现在年轻人的购买习惯。

第四章
守住本金你就赢了一半：不可替代的无风险资产

电子式储蓄国债和凭证式国债有很多相似性，比如，它们都不可以上市流通，都是一次性到期还本付息，但可以提前支取，不过会有利息损失，并且要扣除一定的手续费。

两者的不同主要在于提前支取的利息计算方式。

电子式储蓄国债的提前支取是采用利息扣除的方式，以图4-2为例，该电子式储蓄国债的期限为5年，因为现在额度已经售罄，所以，可购买额度处显示为0，年利率为3.52%。

如果要提前支取，那么，持有6个月以内不给付利息，同时也不扣除利息；持有6个月到24个月，则需要扣除180天的利息，也就是每100元国债，需要扣除1.74元的利息；持有24个月到36个月，需要扣除90天的利息，也就是每100元国债，需要扣除0.87元的利息；持有36个月到60个月，需要扣除60天的利息，也就是每100元国债，需要扣除0.58元的利息。

图4-2 某电子式储蓄国债利息

我们以上文的李先生夫妇举例，假设李先生夫妇买的是电子式储蓄国债，则其在2~3年间进行支取的时候，需要扣除90天的利息，即其拿到的总利息为：50万×3.52%×3-50万÷100×0.87=52800-4350=48450（元），和凭证式国债差不多。

通过以上分析，我相信你能看出电子式储蓄国债成为新宠的原因：操作方便、收益还不错，唯一美中不足的，可能就是如果提前支取，扣息的算法复杂了一些，但是因为都是系统后台自行计算的，所以我们在购买的时候，只需要关注一下这个扣息天数对自己影响大不大即可，不需要花时间自己去计算。

国债逆回购

很多人可能对国债逆回购这个工具的属性、安全性和作用不太了解。

国债逆回购从本质上来说，其实是一种短期贷款，讲到贷款，那就会有债权人和债务人，以及抵押物。债权人指的是借钱出去的那个人。债务人指的是需要借钱的那个人。抵押物就是本来属于债务人的资产，但是抵押给了债权人，一旦债务人失去偿还能力，债权人可以处置，用来补偿自己的损失。

在国债逆回购这个产品中，债权人就是购买国债逆回购的人，债务人就是需要进行融资和借钱的人，抵押物就是债务人所拥有的国债。那为什么债务人手里有国债，还需要借钱呢？明明国债也是可以提前赎回的。这种情况一般发生在债务人只是暂时需要大量的资金进行短期周转，如果因为几天的周转，而提前赎回国债，利息的损失会非常大。所以，采用这种方式，既可以让有钱的人赚一点短期的收益，又可以帮助那些需要短期大额资金周转的个人或者企业渡过难关。

国债的安全性和变现能力在上文已经做了充分的讲解，所以，以国债为抵押物的这种贷款，同时又受到交易所监管，是非常安全的。

第四章
守住本金你就赢了一半：不可替代的无风险资产

国债逆回购的购买也是通过证券市场，分为上证回购和深证回购。其中上证回购的最低门槛是 10 万元，深证回购的门槛只有 1000 元。由于门槛不同，上证回购的利率一般会比深证回购的利率略高一点。

不管是上证还是深证，国债逆回购都分为 1 天期、2 天期、3 天期、4 天期、7 天期、14 天期、28 天期、91 天期、182 天期。不同的天数，代表的是不同的利率。一般来说，时间越长，利率会越高，但是因为国债逆回购的收益率也是在不停波动的，所以不同时间去看收益率，也会略有差别。

国债逆回购的收益率为什么会有波动呢？这个原理和股票市场类似。比如，每个月月末的时候是很多公司用钱的高峰期，市场上需要用钱的公司超过了可以借出钱的公司，利率就会上涨；反之，如果没有那么多公司需要融资和用钱，但是又有很多公司想要把钱借出去，这时候，想把钱借出去的公司多了，利率自然就会下降。

用一句话简单总结就是：需要借钱的公司多，利率就会上涨；需要借钱的公司少，利率就会下降。在历史上，曾经发生过 1 天期的国债逆回购利率达到 20% 的壮观景象。

国债逆回购在钱赎回的时候，会扣除部分的手续费。很多人会觉得这个手续费太高，其实不然。不同天数的国债逆回购的手续费是不一样的，以 1 天期为例，1 天期的手续费率为 0.001%，也就是每 1000 元只要支付 0.01 元的手续费；128 天期的手续费率为 0.03%，也就是每 1000 元需要支付 0.3 元的手续费。但是需要注意的是，如果手续费不足 1 元钱，也会按照 1 元钱收取。因此，如果本金的收益太少，比如只投了 1000 元钱 1 天期的国债逆回购，收益仅为 0.13 元左右，小于 1 元钱的手续费，就会面临本金的小额亏损。

综上,我们可以总结出,国债逆回购一般周期都比较短,最短的为1天,最长的也不过只有182天,安全性极高,适合非常短期的资金投资。但是因为存在手续费,所以,比较适合金额较大的投资,比如某些企业现金流非常好,有上百万元的资金放在账上,但是可能下周就要有大额的资金流出,那与其放在账上没有什么收益,不如进行国债逆回购,既不耽误资金使用,又可以赚取安全的收益。

下面,以孙先生的公司为例,来讲解一下具体的国债逆回购在操作过程中的小技巧。

孙先生名下有一家教育培训公司,专门做成人教育培训,因为教学质量很高,所以学员很多,课程单价也比较高,每次到学费缴纳的时候,公司账上都会有5000多万元的现金。这笔钱是需要后期慢慢支付房租、老师工资,以及其他一些营销费用的,所以,不能拿去投一些中高风险的项目。

同时,因为他们还有一些课程是属于证书保过班,即如果学员考不过的话,需要对其进行退费处理,所以这笔钱也需要时刻准备好,以防止学员退费过多,引起现金流的断裂。

在2022年春节之前,孙先生的公司也准备放寒假了,孙先生看了一下自己账上的现金,大概还有3000多万元,这时候,我给孙先生提了一个建议,可以用这笔钱购买国债逆回购。在春节前期,很多公司面临发放各种奖金、福利等财务压力,需要钱的公司很多,

第四章
守住本金你就赢了一半：不可替代的无风险资产

这个时候国债逆回购的利率也会略高。

因为2022年股市从1月31日至2月4日休市，2月7日正常开市，而1月29日和30日，以及2月5日和6日均为周六和周日，都不开市。为此，我给孙先生一个建议，在1月27日的时候，购入3000万元的1天期的国债逆回购，等到2月7日开盘，他可以拿到10天的利息。这就是国债逆回购非常巧妙的地方，看着好像我们只买入了1天期的国债逆回购，但是因为中间有一个春节假期，证券市场无法进行交易，我们周四买入的1天期，周五使用一天后，周六无法交易，这笔钱就继续计息，一直到2月7日开盘前，我们的本金＋利息一次性回来。这期间资金一共被占用了10天，所以，计息的时间也就是10天。

孙先生听了我的建议，在1月27日一开盘的时候，就购入了3000万元的1天期国债逆回购，成交的利率为2.8%，2月7日到期拿到手的利息为3000万×2.8%÷365×10=23013（元）。

虽然这2.3万元相较于孙先生3000万元的本金来说，不算什么，但是却是纯纯的被动收入。孙先生很开心，过年在家什么都没做，没有操心，也没有打理，给孩子的红包钱就这么赚了出来。

通过孙先生的例子，我们可以看出来，国债逆回购的几个特点和适合的群体。

第一，国债逆回购的安全性和国债差不多，安全保本。

第二，国债逆回购在购买的时候，需要看准时间。一般在周四、月末、季度末、年末的时候，国债逆回购的收益率会比较高。而从每一个交易日来看，一般上午的时候，利率较高，下午3点以后，利率有可能会出现大的跳水。所以，看好时机，选好时间，是国债逆回购的投资中最重要的一点。

以上例中的孙先生为例，如果他是在1月28日购买1天期的国债逆回购，那么，整个春节期间都是不能进行计息的，也就是说，只能计算1天的利息，这笔钱也要等到2月8日才能回到账上来，可能会影响开工后公司的日常经营。

第三，国债逆回购的投资周期比较短，比较适合一些有较大额交易流水，同时对灵活性又有要求的家庭和企业客户。

比如，有一些家庭在置换房产的过程中，可能会有几百万元的资金放在手上，但是又可能会面对随时要支付新房房款的情况。这种大额的资金，用来购买国债逆回购，赚来的钱虽然不多，但也是一笔零花钱，而且操作很简单，又没有任何风险，何乐而不为呢？

第四章

守住本金你就赢了一半：不可替代的无风险资产

银行定期存款和保险储蓄险哪个香

笔者之前在网络上看过一个银行柜员描述她的日常工作：每天早上网点开门，来得最早的都是一些退休的大爷和大妈们，特别是在月初时。他们领到退休金都要到柜台存起来，虽然他们的退休工资都不高，但是日积月累也能靠定期存款攒下来一笔不少的钱。

这个柜员就曾遇到一个阿姨，虽然每个月的退休工资只有3800元钱，但是这个阿姨非常节省，每个月只花1500元钱左右，剩下的存起来，到了七十几岁的时候，居然已经存了七十几万元。当她第一次见到阿姨卡里有这么多钱的时候，误以为阿姨是一个拆迁户，但是仔细看了阿姨的流水才发现，这些钱都是阿姨每个月强制采用定期存款的方式存起来的。用阿姨的话说，有时候，也会想花钱，但是想想，钱都在定期里了，取不出来了，过了那一阵，也就不想了。

所以，银行的定期存款，也被很多人视为强制储蓄的工具，虽然利息不是很高，但是安全又保本，最主要的是可以抑制住自己的冲动消费。

在本节中，笔者除了详细介绍银行不同类型的定期存款之外，还会介绍一种现在被低估的长期资产配置工具：保险储蓄险，并且会给大家对比

101

一下这两种不同类型的保本型投资工具各自的优缺点和适合的情况。

银行定期存款

很多人觉得，银行的定期存款就是把钱放在银行，存个3年或者5年，到期一次性把本金和利息都拿出来，就是这么简单，有什么可讲的呢？

事实上，银行的定期存款有好多种类型，常见的有整存整取、零存整取、存本取息和大额存单。

整存整取

这种类型是最常见的一种定存类型，一般包括3个月、6个月、1年、2年、3年和5年这几种不同的期限。从利息来看，周期越长，每年享受的年利率就越高。定期存款的安全性和流动性与国债相似，但其利率略低于国债，因此大家更偏爱国债。这也是定期存款不用抢，但是国债却要去抢的重要原因。

但是，定期存款依旧有国债无法替代的优点。第一是起投的金额低，一般50元即可存入，约等于没有门槛。像前文中那位阿姨，虽然每个月只存入2000多元，但是也符合定期存款的最低门槛。第二是购买便捷，有钱随时都可以存，保证钱不会有任何的闲置。第三是存款的周期更灵活，短期的可以选择3个月或者6个月，满足了更多人资金灵活使用的需要。

当然，定期存款的灵活性也是不错的，只不过，如果提前支取，提前支取的本金按照活期存款的利率按日进行结算，目前活期存款的利率约等于没有，所以可以理解成取回本金。

整存整取的计息方式为单利，以存入10万元的3年期定期存款为例，

第四章
守住本金你就赢了一半：不可替代的无风险资产

假设市场利率为 2.75%，则 3 年到期后，我们可以一次性拿回的钱为：10 万 ×2.75%×3+10 万 =108250（元）。

产品到期后，我们可以选择自动转存，也就是在到期的时候，不需要我们手动操作，直接进行转存即可。转存的方式有单独的本金转存，或者连本带息转存。

零存整取

零存整取，顾名思义，指分期存款，一般是以月为单位，每月的存入日期可以自行选择。

这种方式特别适合平时存不下来钱，需要在每个月发工资的时候，强制先把钱存下来的月光族。

笔者有一个客户，在一家外企做中层干部，工作压力大，也特别忙，每个月税后的工资有 4 万元左右。有一天晚上，她正啃着面包加班，突然肚子特别痛。同事见状，赶紧叫了救护车送她去医院。她被医生诊断为急性阑尾炎，需要赶紧做手术。因为她对就医环境有要求，所以要求去私立医院，在住院的时候，需要交 5 万元的押金，她这才发现，虽然自己一年有几十万元的年薪，但是银行卡里居然连 5 万元的余额都没有。信用卡一时半会也刷不出这么高的额度，最后，还是她的下属主动站出来，用自己的钱帮她交了 5 万元的押金。

出院以后，她开始反思自己这么多年来的月光生活。因为工作压力大，她日常的乐趣就是买买买，看到好看的衣服，不看价格，买！遇到自己喜欢的包，刷信用卡，买！出门吃大餐，也是不看价格的，点菜，吃！花钱的确让她减压了很多，但是却不承想，这么多年，除了留下了信用卡大量的卡债以外，她连几万元钱的存款都没有。

她很焦虑，感觉自己的人生过得很失败。我安慰她：说到底，还是管理钱的方式错了，应该把需要存的钱先存下来，剩下的钱再去大胆地花，而不是像以前那样，无节制地花钱。

我给了她一个建议，让她去银行办理一个零存整取的定期存款，定期3年，每个月15日发工资那天，自动从账户中转1万元到这个定期账户中，剩下的钱，再由她自由支配。

大概一年后，我们又见面了，问起她的存款，她显得很兴奋，打开手机银行给我看。这一年中，她存了接近15万元。原来一开始每个月存1万元，存着存着，她开始觉得打开手机看自己的银行账户余额是更加解压的办法，除了解压，还能带给自己很强的安全感，于是，她开始每个月存2万元，不知不觉，一年居然存下了快15万元。

而这一年中，她也并未因此感到自己的生活质量有特别明显的下降，反而是家里扔掉的旧衣服之类的闲置物品越来越少了，冲动消费也少了很多，生活变得自律又节制。

所以，**如果你也是一个很难存下钱的月光族，那么也可以试着从银行的零存整取开始！**

第四章
守住本金你就赢了一半：不可替代的无风险资产

存本取息

存本取息，顾名思义，指的是我们存一大笔钱放在银行里，分次支取利息，到期一次性支取本金的定期存款。

这种产品的存款期限一般为1年、3年、5年，利息的分期支取可以按月，也可以每几个月支取一次，具体可以和银行商量。

这种类型的定期存款现在越来越少，主要是因为现在的利息本来就比较少，如果存款的金额不够大的话，所能支取到的利息也很少。

这样的产品，很适合两种情况的财务规划：一种是孩子日常生活费用的开支，另一种是养老的规划。这两种规划的前提都是本金需要足够多。

笔者有一个老朋友王先生，因为这两年房地产市场不是很好，卖掉了手里的两套房，拿到了3000万元现金。他计划用这笔钱在5年后全款购买一套房子给孩子结婚。而这5年中，孩子在国外念书，每年还需要为他支付一定的生活费和学费。为此，王先生咨询我，这笔钱应该如何规划。

我给他的建议就是去几家银行谈一下是否可以做存本取息的定期理财，理财期限为5年，每个月支取一次利息。这笔利息可以用来支撑孩子在国外的日常生活费用。5年到期后，3000万元本金也可以全部拿回来。

王先生与几家银行的理财经理谈完后，选定了某家股份制商业银行的存款计划，5年期的存款利率为3.2%；也就是说，每年的利息为96万元，每个月大概可以拿到8万元的利息，这笔钱用来支付孩子的学费和生活费是完全够用的。

王先生很满意这个方案,这 5 年下来,孩子的出国费用基本上可以通过利息收入完全覆盖。5 年到期后,还有 3000 万元可以拿出来给孩子买房子。他感慨地说,原来还有这么合适的定期存款工具,之前完全不知道,既可以完美解决资金的增值问题,又完全不影响他现在每年的开支计划。

大额存单

大额存单这两年成为被追捧的对象,因为其收益比定期存款高,且安全性强,同时可以随时在市场上出售变现,比较好地满足了众多投资者对于安全性、灵活性和收益性的要求。

特别是在最近几年利率持续下滑的市场大背景下,大额存单可以在 3~5 年内锁定一个不错的利率,这也成了很多人选择它的主要原因。

大额存单,可以简单地理解成是大金额的定期存款。1 个 200 万元的存单,可以抵得上 100 个 2 万元的存单,从银行的角度来说,也是变相节省了一些经营费用,可以给到大客户更高一点的收益。

大额存单一般为 20 万元起存,各家银行也会针对不同的起存金额设置不同的利率,起存金额越高,自然所对应的利率就越高。

大额存单的期限有按月的,如 1 个月、3 个月和 6 个月;当然,也有按年的,一般为 1 年期、2 年期和 3 年期。同样地,时间越长,利率会越高一点。

从利息的计算方式来看,大额存单最常见的是到期一次性还本付息,

第四章
守住本金你就赢了一半：不可替代的无风险资产

按照单利计息。以购买3年期的100万元大额存单来看，假设收益率为2.9%，到期后，一次性可以拿到的利息为：100万×2.9%×3=87000（元）。

大额存单在持有期间，如果有需要变现和用钱的地方，可以采取转让的方式卖给别人，实现灵活变现。

关于大额存单的灵活转让，可能很多读者比较陌生。

大额存单的转让一般直接使用购买大额存单的银行的App进行操作即可，具体的操作和收益计算步骤笔者在下面的案例中做详细的说明。

何先生和何太太都是普通的中产阶级，从事加工制造行业，对于高风险的金融投资不敢碰。他们生活很节俭，在过去的几年中攒下了60万元，这笔钱预计将在3年后作为房产置换使用。他们比较信任银行，因此选择了大额存单作为这笔钱的储蓄工具。他们在某银行选了一款利率为3.2%的3年期大额存单，把这笔钱存了进去。

一年后，何先生的爸爸突发癌症，需要一大笔治疗费用，在他们把手中的流动资金都用完后，还有大概10万元的治疗费缺口。因此，何先生想到了这张大额存单。当他拿着这个存单到了银行，想要进行部分支取的时候，却被告知大额存单无法进行部分支取，但是可以挂到网上进行转让。

王先生打开手机，找到这家银行的手机App，选择自己的大额存单进行操作。因为他的存单刚刚过了一年，利息应为60万×3.2%=19200（元）。也就是说，如果他现在在网上挂619200元的价格，并且顺利成交了，那么相当于他这一年的利率就没有损失。如果他的成交价大于619200元，则说明他持有的利率超过了3.2%；如果成交价低于619200元，则说明王先生损失了一部分的利息。

王先生在转让之前，查了一下最近的大额存单利率，为3%，但是由于他着急成交，便决定还是按照619200元挂出去。因为他的存单收益超过了现在的市场收益3%，很快就成交了。王先生顺利地拿回了一年的本息和，也没有耽误父亲的治疗。

大额存单通过转让的方式进行变现，兼具灵活性和收益性。特别是在市场利率整体下滑的时候，如果之前持有的大额存单收益较高，在转让的时候，还能赚取一部分差价。但是如果市场利率上行，也就是最新发行的大额存单利率比之前的要高，那么在进行转让的时候，就会有一定的本金损失。

所以，如果你手里有一大笔钱，这笔钱会在3年后进行使用，你又不想等国债发行，那么直接购买银行的大额存单就是一个很好的方法。如果你发现，一手的存单都已经被抢空了，那么可以去转让区看看，说不定可以抢到一些急于出手变现的高利率的大额存单。

结构性存款

在现在的银行金融投资产品中，有一个新贵，大家可能不太熟悉，但也许听说过：结构性存款。

第四章
守住本金你就赢了一半：不可替代的无风险资产

结构性存款，名字当中虽然带有"存款"两个字，但其本质是介于存款和理财之间的一种金融投资品。它具有存款的保本性质，同时又有理财的增值性，可以很好地平衡安全性和收益性，因此也成为越来越多人的投资首选。

那么，结构性存款是如何构成的？为什么它可以在实现保本的同时，又有比较强的增值性呢？

这就要从结构性存款的构成来说了。结构性存款一般都是由定期存款+某款金融衍生品组成的，其中定期存款是为了实现资产的保本，另外的金融衍生品投资则是用来博更高的收益。常见的捆绑的金融衍生品包括期货、期权、汇率等，在结构性存款的产品名称中，一般会标明与之挂钩的标的物。

下面，笔者以李先生购买的某款结构性存款为例，来做详细的产品拆解。

李先生是一家制造型企业的中层干部，家里没有太大的经济负担。虽然李先生是制造业方面的专家，但是在金融投资方面却一窍不通。因此，他不敢投资股票、期货等高风险，且对专业知识要求较高的领域。但是，他又觉得，如果把钱仅仅存定期，收益过低了。所以他一直在寻求一款既可以保本，又有较高收益的产品。

我给他推荐了银行的结构性存款。李先生选择了一款名为"点金两层31天存款"的产品，该产品界面显示为：预计到期利率为

1.1% 或 3.14%，投资期限 31 天，挂钩标的为黄金/美元。

　　这个产品的起售日为 4 月 25 日，截止发售日期为 4 月 28 日，开始计算利息的日期为 4 月 29 日，到期日为 5 月 30 日。

　　收益规则分两种情况。情况 1：期末价格高于或者等于预定的价格（也称为障碍价格[①]），则该产品按照 3.14% 的年化收益率兑付；情况 2：期末价格低于预定价格，则该产品按照 1.1% 的年化收益率兑付。

　　李先生一开始很疑惑，为什么这个产品的收益率是 1.1% 或 3.14%，正常的收益率不是应该在一个区间内吗？即为 1.1%~3.14%。在我给他解释了收益规则以后，他才明白，原来就只有这两种情况，所以就是两个不同的利率。

　　我又给李先生解释了这个产品中的几个名词。

　　期初价格：在开始计息的那一天，某权威机构公布的黄金价格。在这个产品中，即为 4 月 29 日那天的黄金价格。

　　障碍价格：期初价格 −86。

　　期末价格：在观察日那一天，某权威机构公布的黄金价格。

　　观察日：2022 年 5 月 26 日。

　　那么，李先生最后到底可以拿回多少收益呢？我们来看两种不同的结果。

　　假设在 4 月 29 日那天的期初价格为 1800 元，则障碍价格为

[①] 障碍价格为一个事先约定价格，一般是以期初价格为标准进行上下浮动。

第四章
守住本金你就赢了一半：不可替代的无风险资产

1800-86=1714元，李先生购买的总金额为50万元。

结果1：在5月26日那天，实际的价格为1714元，则李先生可以拿到的收益率为3.14%，产品的收益为：50万×3.14%÷365×31=1333.42（元）。

结果2：在5月26日那天，实际的价格为1713元，则李先生可以拿到的收益率为1.1%，产品的收益为：50万×1.1%÷365×31=467.12（元）。

因为收益率差别较大，对于投资者来说，拿到手的利息差别也比较大。

那么，这个产品具体是怎么运作的呢？其实，银行在收到存款后，把50万元拆分成了两个部分，一部分配置了定期存款，一部分购买了期权。当然，期权费一般都比较贵，所以大部分的钱，其实还是投到定期存款中的，只是拿不到10%的钱，作为期权费购买了期权，用来博高一点的收益。

当然，有的结构性存款的收益率也是有区间的，以另外一款结构性存款为例。

李先生在购买了几次结构性存款后，尝到了一些甜头，因此准备挑战一下收益更高的产品，他对比了多个产品后，精心挑选了一款和中证500挂钩的结构性存款。

该产品介绍页显示：投资期限为 185 天，预计到期收益率为 1.3%~8.5%，4 月 21 日为起售日，4 月 28 日为截止日，4 月 29 日为开始计算利息的日子，10 月 31 日为到期日。

该产品的期初价格为：起息日当天的定盘价格，即为 4 月 29 日的价格。

期末价格为：观察日（即 10 月 27 日）当天的价格。

执行价格为：期初价格的 92%。

障碍价格为：期初价格的 105%。

参与率为 55.84%。

该产品的利率确定方式由中证 500 指数价格水平来确定，分为以下 3 种情况。

情况 1：期末价格≤执行价格，且观察期指数水平均小于障碍价格，则本产品的收益为 1.3%。

情况 2：期末价格＞执行价格，且观察期指数水平均小于障碍价格，则本产品的收益=1.35+参与率×（期末价格－执行价格）÷期初价格

情况 3：如果在观察期内，任何一日的指数价格水平高于障碍价格，则本产品到期收益率为 2.98%。

举例说明：

假如中证 500 指数的期初价格为 6000 元，则可以计算出其执行价格为 5520 元，障碍价格为 6300，李先生依旧是购买了 50 万元该产品。

第四章
守住本金你就赢了一半：不可替代的无风险资产

结果1：到了10月27日这天，中证500指数的价格为5510元，且在整个期间，始终都没有高过6300元，则该产品的到期收益率按照1.3%来计算。

结果2：到了10月27日这天，中证500指数的价格为6300元，且在该期间，也没有高过6300元，则收益率为1.3%+55.84%×（6300-5520）÷6000=8.56%

结果3：在4月29日到10月27日当中，有任意一天中证500指数的价格超过了6300元，则收益率为2.98%。

从上面的3个结果，我们可以看出来，要想达到结果2，也就是8.56%的收益率，是有极大难度的。在整个观察期，也就是4月29日到10月27日之间，不能有任何一天的价格超过6300元，否则收益率就直接按照2.98%来计算。如果想要达到8.55%的高收益率，能且只能在10月27日这一天，价格达到或超过6300元。这是极低概率的事件，完全凭借运气，无法预测。

总结下来，结构性存款其实就是银行拿了我们存的钱，用其中的一大部分去存和我们购买的结构性存款期限相同的定期理财，用一小部分去购买和产品挂钩的期权之类的金融衍生品。一旦价格的变动和之前预期的相符合，产品的收益就会较高；即使变动不符合预期，也有定期理财可以到期兑付本金和利息，保证我们可以实现最低的保本收益。

这类产品一般周期都不长，最短的有1个月，最长的一般也就是1年，适合想要盘活短期资金，但是又不愿意亏本的客户。

笔者在这里要提醒各位的是，在配置结构性存款的过程中，一定要留心看一下产品说明书，知晓在什么样的情况下可以触发什么样的利率，从而选择相对来说比较稳妥的结构性存款；如果不想，也看不太懂产品说明书，那就选一个收益相对适中的就好。

第四章
守住本金你就赢了一半：不可替代的无风险资产

保险的储蓄险：在确定的时间，把确定的钱给想给的人

看到本节的标题，你可能会疑惑，保险不是保障吗？怎么也会有所谓的储蓄型的保险？

其实，保险的类型有很多种，在上一章，笔者已经详细介绍了一些保障类型的产品，除了这一类之外，还有最近很火的储蓄类型的保险。

当然，保险本身还是姓"保"，这些储蓄类型的保险，具有储蓄功能的同时，也有一些对应的保障功能。

常见的带有储蓄性质的保险有以下几类：养老年金、教育年金、分红险、万能险、增额终身寿险。不同的产品，其特征也不同，在《我的保险指南》这本书中，我对每种不同的产品进行了详细的解读。在本书中，我会用精练的语言对这些产品做讲解。

养老年金

最近几年，养老话题频繁出现在大家的视野中。从老龄化的加剧，到社保养老金的亏空，再到个人养老金制度的出台和试点，所有的事实都指

向了一个最重要的趋势：养老以后主要是靠自己了。

你可能会问：我们不是日常都有缴纳养老金吗？等我们老了，不是应该由国家发钱来养着我们吗？

是的，我们每个月缴纳的五险一金中，有一部分是养老金，而且，所缴纳的比例还挺高。现在的数据，是个人缴纳8%，公司缴纳20%。举个例子，你的社保缴费基数为7000元，则个人需要承担的为7000×8%=560元，公司需要缴纳的有7000×20%=1400元，加起来，每个月是缴纳560+1400=1960元；也就是说，每个月，你的养老金账户上都会存入1960元钱。

但是我们国内目前的养老金发放制度实行的是现收现支的方式。也就是说，我们现在缴纳的养老金，发放给了现在退休的老人，并不是真正存在我们的账户上。我国的社保缴费制度是从1996年开始正式实施的，所以，很多现在已经退休的老人，当年并没有缴纳过五险一金，或者，只是缴纳过部分五险一金。这样就会造成我们国家养老金账户上的钱，随着老龄化的加重而越来越少。

因此，商业养老年金就成了作为国家养老金补充的一个重要组成部分。最近几年，商业养老金也成了国家鼎力扶持的产品，毕竟，保障人民群众老有所依，也是一项重要的国家规划。

市面上养老金产品种类繁多，还有很多非养老金产品被包装成养老金产品进行销售。

真正的养老金产品需要满足下列两个特征。

第一，产品名称中带有"养老年金"这几个字，如此就可以确保买到

第四章
守住本金你就赢了一半：不可替代的无风险资产

的不是被包装后的"养老金"产品了。当然，有些产品确实也可以起到养老金的作用，但是和这种标准养老金产品对比起来，还是有区别的，在后文中，笔者会进行详细的解释和对比。

第二，保证终身可以领取，活多久，领多久。

有些产品只能领取到一定的年龄，比如 80 岁，或者 85 岁。这样的定期型产品，到了提前设定好的年龄后，合同就结束了，这笔现金流就终结了。但是养老问题，最大的风险其实是长寿风险。我们都无法预估自己的寿命，这也是我们无法采用自己的存款进行养老的最主要原因。

随着医疗技术的进步，人的寿命每隔几年就会增长一岁，现在 30 岁的年轻人，将来寿命达到 100 岁也可能不足为奇。

对于寿命的乐观判断，会直接让我们的养老方式发生变化。之前一贯采用的储蓄养老、收房租养老的方式都将不可行。商业养老金活多久、领多久的特点，可以一定程度上解决这个风险。

那么，市场上的养老年金主要有哪几种呢？笔者以不同的案例，来给大家讲解不同类型的养老年金和适用的人群类型。

第一种：纯养老年金。

谢女士今年 35 岁，是一家企业的中层干部，收入稳定，每年的收入到手大概为 30 万元，没有结婚的计划和打算，喜欢独居。

她平时比较喜欢旅行和画画，希望可以在 60 岁的时候准时退休，带着自己心爱的画板去周游世界。她预计退休后，每个月需要有 1 万~1.5 万元的养老金方可够用。

谢女士每个月的社保缴费基数大概有1万元，预计60岁退休的时候，国家养老金可以补充3000~5000元。这对于她的退休生活来说，差别太大。因此，她找到了我，让我帮她挑选一款合适的养老年金。

因为谢女士需要解决的仅仅就是养老金问题，因此我给她挑选了一款纯养老年金产品，缴费20年，每年缴费5万元，60岁退休后，每年可以领取10万元，均摊到每个月约为9000元，再加上国家养老金的补充，可以保证谢女士在退休后，实现她的旅行目标。

假如在领取过程中，谢女士去世，则剩余所有尚未领完的已缴保费，都会给她的受益人。也就是说，这种类型的产品，最少可以拿回所有的已缴保费。

第二种：保证领取20年或30年，活多久领多久。

孙女士今年35岁，有一个幸福的家庭：孩子5岁，上幼儿园；先生在某上市公司工作，孙女士自己开了一家服装店，家庭年收入在20万~40万元之间，不是很稳定。

孙女士的家庭中，爷爷是因为肺癌去世的，奶奶有糖尿病，外公外婆也都有高血压。因此，孙女士比较担忧她自己的健康风险和寿命。

她自己开服装店，属于灵活就业人员，社保也是按照灵活就

第四章
守住本金你就赢了一半：不可替代的无风险资产

业人员进行缴纳的。孙女士了解到，在他们当地，灵活就业人员缴纳的最低缴费基数是 3500 元，其中养老金的缴费比例是 22%，其中 8% 进入个人账户，另外的 14% 进入社保的统筹账户。因为社保统筹账户相当于全国统筹，活得越久越划算，如果只领取了几年，人就走了，那么大部分的养老金其实也都是统筹给别人了。

因此，孙女士决定按照最低的缴费基数来缴，再买一部分商业养老金作为补充。这样，等到她退休以后，最起码不会成为孩子的负担，也不需要伸手向老公和孩子要钱。

我了解了孙女士的担忧和家庭情况后，就给她推荐了一款保证领取 20 年的养老年金产品。

按照每年缴费 5 万元，缴费 20 年，60 岁开始领取计算，孙女士从 60 岁开始，就可以每年领取 98700 元，而其养老金月领取额＝年领取金额×8.5%，约为 8400 元钱，可以很好地保证她老年生活。

假如孙女士在 65 岁因为疾病去世了，虽然只领取了 5 年的钱，但是因为这个产品是保证领取 20 年的，剩下 15 年尚未领取的钱（15×98700=148.05 万元）会一次性给到她的受益人。

所以，这个产品不仅可以保证她终身的养老费用，还可以保值和增值。

保证领取 30 年的产品也是如此，只不过其每年领取的金额会更低一些，毕竟保证领取的总金额会偏高。

因此，和第一种类型的产品相比，这种保证领取 20 年或 30

年的产品，除了可以保证活多久领多久之外，还可以增值和保值，不管什么时候身故，都可以实现资金利益的最大化。

第三种：只用利息养老，本金可以始终用来做传承。

王阿姨今年49岁，前几年家里拆迁，拿到了一笔200万元的拆迁款。王阿姨之前一直都是做小本生意的，也没有正儿八经地给自己缴纳过社保。她的女儿26岁，已经结婚成家，在一家公司上班，收入尚可，女婿是做生意的，收入不是很稳定。

王阿姨最近几年身体也不是很好，想尽快退休。200万元的拆迁款前几年都是放在银行存的定期，但是这两年，利率一直在下降，从开始的4.5%一路降到了2.9%。眼看着拿到手的利息越来越少，王阿姨心里很着急，根本没办法安心退休，更让王阿姨难过的是，银行的工作人员告诉她，以后利率还会降。

我给她出了一个主意，既然想用利息养老，那可以选一款这样的养老金产品。这样的养老金产品是可以终身锁定领取金额的，因为领取的金额从一开始就确定好了，不会像银行的定期存款，每年拿到的利息越来越少，每年可花的钱也越来越少。

另外，用这样的方式进行养老金规划，还可以给女儿留一笔完全的个人财产。

假如王阿姨一直都把钱放在银行当中，用利息养老，当王阿姨去世后，这笔钱会成为她的遗产，按照法定继承进行分配，受

第四章
守住本金你就赢了一半：不可替代的无风险资产

益人为她的先生、女儿，以及她的父母。

但是，其实王阿姨是想把这笔钱原封不动地留给自己的女儿的。因为王阿姨有兄弟姐妹，她的父母不用发愁没有人照顾，但是她就一个女儿，女儿过得好不好，是她全部的牵挂。虽然可以通过立遗嘱的方式把这笔钱确定给女儿，但是遗嘱会在家庭内部公开，考虑到自己父母的感受和情绪，王阿姨放弃了这种方式。

而存一份养老年金最大的好处就是，身故时账户里面身故金会直接给到保单的受益人，不需要家里其他人的同意，无形中也避免了很多潜在的家庭矛盾。

王阿姨听完后，觉得特别合适。这样的产品，既可以满足自己终身养老的需求，也可以确保将这笔钱最终原封不动地传承给女儿，成为女儿的个人财产，哪怕将来婚姻发生变故，或者女婿做生意出现风险，这笔钱都可以给女儿足够的安全感和安定感。

这样的产品类型，更加适合一些存钱的金额比较大，同时又希望这笔钱可以做一个定向传承的家长。在传承方面，我们中国的传统观念还是希望向下传承，就是传承给自己的孩子。除了买保险，通过立遗嘱来实现财富的传承也是一个非常好的选择。但是立遗嘱牵扯到了很多人的利益，在遗嘱执行过程中，也会有很多预想不到的情况发生，比如多份遗嘱，其他继承人对于遗嘱有效性的质疑等，都有可能会出现。

上述几个案例中，笔者就用了一款养老年金，解决了"养老+继承"

两个难题。

综上，不同类型的产品是为了解决不同的风险和问题，各有利弊，也有各自的不可替代性。

教育金

教育金的储蓄方式有很多种，包括本章提到的国债、定存等。下面，笔者着重讲解一下用保险来做教育金规划的优缺点。

保险中单纯的教育金产品较少。此类产品一般都以孩子为被保险人，这笔钱的领取也和孩子的年龄有关系，一般是在孩子上高中或者大学的时候进行领取。

这样的产品往往会把钱做一个强制性的锁定，在孩子到达约定的年龄之前，这笔钱无法取出来，只能专款专用。

李叔叔今年58岁了，是一个比较成功的企业主。儿子30岁，今年刚生了一个小宝宝，全家人都视若珍宝。因为儿子和儿媳妇平时花钱比较大手大脚，很难存下钱，李叔叔就想自己悄悄地给小宝宝存一笔钱，但是又担心，万一哪天他突然去世，这笔钱还是会被儿子花掉，没办法真正用到孙子身上。

我建议他以自己作为投保人，以孙子作为被保险人，存一笔纯教育金，同时，设置第二投保人为儿子，这样，万一他去世，这张保单的投保人会变为他的儿子。

我给他选了一款孩子从13岁（也就是读初中的时候）就开始

第四章
守住本金你就赢了一半：不可替代的无风险资产

领取教育金的产品，从初中、高中、大学到研究生，每一年都可以领取一部分钱用于孩子的教育。如果儿子和儿媳妇想要在领取前退保，那也会有一定的本金损失，这样可以比较好地约束这笔钱的用途。

李叔叔仔细了解后，果断把自己原来给孙子在银行存的钱拿了出来，放到了这个教育金产品中。他说，如果我可以看着孙子上大学、读研究生，那是最幸福的了，如果不行的话，这张保单也可以让我的钱伴随孩子度过他漫长的求学生涯，确保他享受到高质量的教育。

所以，教育金的规划采用保单的方式来进行，其优点就是实现真正的专款专用，缺点就是缺少灵活性，没有办法随时支取。

以上就是我们目前常见的功能性储蓄险，其功能往往是我们生活的刚需，比如教育、养老，只不过，和我们之前介绍的银行存款相比，保险产品的目的性更加明确，因此从持有周期来看，也更加长一些，与时间周期较短的银行存款形成了互补。

从表4-2中可以看出，针对家庭的不同财务规划，我们应该采用不同的规划方式和工具，这样才能在确保利益最大化的同时，逐步实现家庭的财务目标。

表4-2　银行存款与保险储蓄比较

项目	银行存款	保险储蓄
时间周期	短期为主，一般为5年内	长期规划为主，5年以上规划
产品类型	定期存款、大额存单、结构性存款等	年金险、增额终身寿险等
收益	短期收益符合市场利率，存在利率下行风险	短期不如银行存款，长期比较稳定
规划性	仅为储蓄，无明显规划目的	规划性较强，比如为了养老或者教育
法律功能	无	有，可以实现资产定向、定量传承

第四章
守住本金你就赢了一半：不可替代的无风险资产

银行存款现在还是保本的吗

看到这个题目，你可能会比较蒙，前文不是还提到银行存款都是保本的吗？

我们先来看 2015 年颁布的《存款保险条例》第五条规定：

第五条　存款保险实行限额偿付，最高偿付限额为人民币 50 万元。中国人民银行会同国务院有关部门可以根据经济发展、存款结构变化、金融风险状况等因素调整最高偿付限额，报国务院批准后公布执行。

同一存款人在同一家投保机构所有被保险存款账户的存款本金和利息合并计算的资金数额在最高偿付限额以内的，实行全额偿付；超出最高偿付限额的部分，依法从投保机构清算财产中受偿。

存款保险基金管理机构偿付存款人的被保险存款后，即在偿付金额范围内取得该存款人对投保机构相同清偿顺序的债权。

社会保险基金、住房公积金存款的偿付办法由中国人民银行会同国务院有关部门另行制定，报国务院批准。

简单解释一下就是：**银行都要给存在自己银行的存款买存款保险，不管是活期存款还是定期存款**。我们去银行办事的时候，可以留心看一下，银行的门口会挂一个绿色的牌子，上面写着"存款保险"。

但是，这个存款保险的最高偿付限额是 50 万元，这 50 万元包括了存款的本金＋利息。也就是说，只要本金＋利息超过了 50 万元的部分，都面临着可能无法兑付的风险。

所以，银行的存款之所以保本，是因为有存款保险兜底，但是最多也只能兜 50 万元，超过 50 万元的部分，还是要储户承担风险。

在这里，笔者也建议你，如果手头现金比较多的话，可以分散到几家不同的银行来存，每家存 40 万～45 万元即可，不建议一家银行存过多的金额。

那么银行理财和银行存款的安全机制一样吗？当然不一样。**银行的理财产品和银行存款在性质和地位上就是截然不同的。**

银行理财一般都是银行代销的一些基金之类的产品，而不是银行自己的存款业务。

简单来说，银行存款是银行的"亲生儿子"，对于这个"亲生儿子"，银行要给"他"买好保险，确保"他"最低的兑付标准。但是银行理财是银行的"远方亲戚"，银行只负责销售端的工作，对于其风险仅仅做一个评估，但是并不会给"他"兜底。

因为性质不同，存款和理财的管理适用规定也不一样。存款适用的是上文提到的《存款保险条例》，而理财适用的是《关于规范金融机构资产管理业务的指导意见》。

第四章
守住本金你就赢了一半：不可替代的无风险资产

《关于规范金融机构资产管理业务的指导意见》是规范金融机构资产管理业务的政策法规，由中国人民银行、中国银行保险监督管理委员会、中国证券监督管理委员会、国家外汇管理局于2018年4月27日以"银发〔2018〕106号"（以下简称《资管新规》）联合印发。2020年7月31日，经国务院同意，人民银行会同发展改革委、财政部、银保监会、证监会、外汇局等部门，充分考虑疫情影响实际，在资管新规框架下，审慎研究决定，该政策的过渡期延长至2021年底（过渡期原本于2020年底结束）。

因此，《资管新规》是从2022年1月1日起，才正式开始实施，在这个规定的第十九条中，有以下规定：

十九、经金融管理部门认定，存在以下行为的视为刚性兑付：

（一）资产管理产品的发行人或者管理人违反真实公允确定净值原则，对产品进行保本保收益。

（二）采取滚动发行等方式，使得资产管理产品的本金、收益、风险在不同投资者之间发生转移，实现产品保本保收益。

（三）资产管理产品不能如期兑付或者兑付困难时，发行或者管理该产品的金融机构自行筹集资金偿付或者委托其他机构代为偿付。

（四）金融管理部门认定的其他情形。

经认定存在刚性兑付行为的，区分以下两类机构进行惩处：

（一）存款类金融机构发生刚性兑付的，认定为利用具有存款本质特征的资产管理产品进行监管套利，由国务院银行保险监督管理机构和中国人民银行按照存款业务予以规范，足额补缴存款准备金和存款保险保费，并予以行政处罚。

（二）非存款类持牌金融机构发生刚性兑付的，认定为违规经营，由金融监督管理部门和中国人民银行依法纠正并予以处罚。

任何单位和个人发现金融机构存在刚性兑付行为的，可以向金融管理部门举报，查证属实且举报内容未被相关部门掌握的，给予适当奖励。

外部审计机构在对金融机构进行审计时，如果发现金融机构存在刚性兑付行为的，应当及时报告金融管理部门。外部审计机构在审计过程中未能勤勉尽责，依法追究相应责任或依法依规给予行政处罚，并将相关信息纳入全国信用信息共享平台，建立联合惩戒机制。

这个规定简单来说，就是这些金融机构发行的各种理财产品，都不允许刚性兑付，一旦有人举报，或者在审计过程中被发现刚性兑付行为，就属于违法违规，要对银行处以罚款。

何谓刚性兑付？就是保本保收益。就像之前大多数人买理财产品的时候，看到产品介绍的界面会写：业绩比较基准4.25%，最后到期结算的时候，发现就是按照4.25%来进行结算的，这就属于保本保息。

现在不让保本保息了，也就是说，即使你买理财的时候，看到的业绩比较基准是4.25%，很有可能到期的时候发现，不仅没有拿到4.25%的利息，反而连本金都亏了10%。

那什么叫业绩比较基准呢？官方的定义是理财计划管理人基于过往投资经验对产品存续投资市场波动的预判而对本产品所设定的投资目标。简单来说，就是根据过往的经验，预估出来的收益数据，实际的收益受各种

第四章
守住本金你就赢了一半：不可替代的无风险资产

因素的影响，可能会有变化。

因此，现在可以回答上述的问题了，**从 2022 年 1 月 1 日开始，银行理财产品均无法刚性兑付，投资者需要做好亏损自担的心理准备**。

那这是不是就意味着银行的理财不能买了呢？当然不是。银行理财作为普通人可以接触到的低门槛的理财方式，其不可替代性不言而喻，只不过，在购买的时候，对投资者的专业知识要求和风险意识要求更高了，我们需要更加擦亮眼睛，控制好自己所配置的银行理财产品的风险。

最简单的筛选方式就是通过看产品的风险等级来确定这个产品的安全系数。每个理财产品的产品介绍页都会写这个产品的风险等级，往往是从 R1~R5，其中，R1 的风险等级是最低的，基本上可以实现保本，但是预期收益往往也比较低，R5 的风险等级是最高的，可能会有损失大比例本金的风险，但是预期收益往往高很多。这也符合笔者之前所说的理财金三角定律，任何金融投资产品，都不可能同时在收益性、安全性和灵活性上达到令人满意的程度。

那为什么同样都是银行理财，风险等级的差别却会如此之大呢？因为当我们拿钱购买了理财以后，这笔钱会由发行这个理财的理财公司拿去配置对应风险的资产。比如 R1 风险的理财，一般配置的都是非常安全保本的产品，比如银行存款、债券逆回购、货币基金等；而 R5 风险的理财，则一般都是配置一些高风险资产，比如股票，以及其他的高风险金融衍生品等。投资的标的物不同，自然获得的收益和风险也不相同，于是就有了不同的风险等级。

下面，笔者会按照从 R1~R5 的顺序，来依次介绍一下每种风险等级的代表性产品。

R1 低风险

这种类型的产品在产品介绍的界面，呈现出来的利率往往为"七日年化"，这个数字代表的是这个产品在过去 7 天内的平均收益水平。

作为风险等级最低的产品类型，这种产品一般都是保本的，只有极少数的极端情况下，才可能会出现本金亏损的风险。但是这类产品收益往往也较低，一般来说，和一年期的定期存款利率类似，目前约为 2.4%~2.5%。

为什么这种类型的理财可以大概率实现保本呢？就像上文提到的，这种类型的理财产品所投资的资产都是非常安全的，比如银行理财、债券逆回购、货币基金等，银行理财和债券逆回购的安全性在前面的章节中都已经做了详细解释，这里不做赘述，货币基金会在后面的章节中进行详细的解释。

除此以外，R1 风险的理财一般都是灵活性很强的，随时买入，随时赎回，如果是下午 3 点半之前赎回，则一般是 T+1 到账；如果是 3 点半以后赎回，则是 T+2 到账。虽然没有银行活期存款那么灵活，但也算是非常灵活的了。

所以，这种低风险的理财很适合那些对资金流动性有要求，同时又属于风险厌恶型的投资者，平时家里一些 3 个月内可能会用到的钱都可以放进这种理财中，既可以保证想用钱的时候提前支取，也可以拿到类似银行 1 年期定期存款的利息。

第四章
守住本金你就赢了一半：不可替代的无风险资产

R2 中低风险

虽然 R2 属于中低风险，但其实这个等级的理财产品就有可能会产生本金的损失，只不过损失的概率比较低。

这种类型的理财产品，一般投资方向仍旧为 100% 债权，但是和 R1 的理财产品相比，这种类型的产品投资的债权中会有一部分属于非标准化债权类资产以及其他的一些风险系数较低的私募基金之类。

"非标准化债权类资产"的官方定义为：未在银行间市场及证券交易所市场交易的债权性资产，包括但不限于信贷资产、信托贷款、委托债权、承兑汇票、信用证、应收账款、各类受(收)益权、带回购条款的股权性融资等。

这个定义中的重点其实是第一句话中的"未在银行间市场及证券交易所市场交易的债权性资产"，像上文 R1 产品中提到的"货币基金"即为在银行间市场进行的交易，"债权逆回购"即为在证券交易所交易的债权，这些都是非常安全，并且受各种监督机构监督的产品。而 R2 等级的产品所投资的范围有一部分是超出了这两类。因为其风险系数略高，比如中间提到的信贷资产、信托贷款等，都有一定程度的违约风险，所以一旦出现了违约，则该产品的兑付可能会有一定的本金损失。

当然，R2 类型作为中低风险的理财产品，其也只能投资一小部分在非标准化债权中或者私募基金中，一般来说，这个比例是不能超过 49% 的，在实操中，这个比例往往会更低一些。大部分的资金依然会投入标准化的债权资产中，用来保证该理财资产的安全和稳定性。

R2 类型的理财产品，往往持有期较长，一般需要持有 1 个月以上，大多数持有时间为 1 年以上，但是其预期收益往往比 2 年期的银行定期存款略高一些。所以，如果手头有一笔钱，在最近的 1~2 年之内暂时不用，同时有一定的风险承受能力，可以购买一部分 R2 风险等级的理财。

R3 中风险

到了 R3 等级的风险，这个理财会产生本金损失的概率变得更大了。资管新规实施后，R3 以上的理财可能会出现很大范围的亏损。当然，理财经理可能会告诉你，这都是暂时的，但是在产品没到期之前，谁也无法判断最后的结果会如何。因此，如果你对于保本有比较强的要求，那么，笔者建议你不要碰 R2 等级以上的理财产品。

R3 等级的产品和 R1、R2 等级产品最大的区别就在于它的投资范围增加了一小部分权益类的投资。权益类的投资中包括我们熟悉的股票和一些我们比较陌生的金融衍生品。碰上股市等权益类资产大涨的时候，R3 等级的理财自然可以有非常不错的收益，但是碰上行情不好的时候，本金往往会出现亏损。

当然，为了控制 R3 等级理财的风险系数，这个权益类投资的比例会有严格的限制，一般为 20% 以下，剩下的 80% 乃至更多依旧是投在比较安全稳定的固定收益类产品中。

这种类型的理财产品一般持有期更长一些。因为权益类投资都有一定的投资周期，如果时间太短的话，一旦遇到了周期性行情，比较容易产生比较大的亏损，那么理财的收益率肯定会比较难看，而如果锁定的周期比较长，就可以比较好地避免暂时性的周期波动对收益率产生的影响。

第四章
守住本金你就赢了一半：不可替代的无风险资产

所以，R3 类型的理财产品适合于有一定的风险承受能力以及资金灵活性要求不高的人士，购买完成后，最好不要经常去查看净值，因为有一些阶段可能会有一些较大的亏损，又不能中间赎回，会影响心情。

R4、R5 高风险

R4 和 R5 的高风险理财产品和上文的理财产品相比，增加了更多的权益类投资和金融衍生品的投资。

俗话说，高风险往往伴随着高收益，R4 和 R5 的产品预计收益很高，但同时也伴随着比较高的亏损风险，严重时可能会亏损 40%~50% 的本金，甚至更多。

现在很多银行已经不推荐此种高风险的理财产品了，如果你是一个风险厌恶的投资者，建议避开这种类型的产品。如果你可以接受比较大比例的本金亏损，可以考虑做一小部分此种类型的投资配置。

当我们在银行进行理财产品选购的时候，有三个步骤：第一步是要做一个风险承受等级的测试，简单来说，就是测试你可以承受多大本金的亏损。第二步是选择对应风险等级的产品，具体的产品风险上文已经做了详细的解释，你自行衡量后，与自己的风险等级测试结果进行对比，看看是不是真的匹配。第三步是最简单的，就是买入并持有。

银行理财产品虽然已经不保本了，但是并不代表不值得购买，相反，正是因为取消了刚兑，才让现在的金融体系更加健全和安全，之前经常出现的资金挪用和资金空转现象，也得到了进一步规范和限制。这也让我们购买理财的钱更有保障。所以，这一步其实是金融体系的完善和进步。

第五章

冲锋陷阵,以小博大:锦上添花的中高风险资产

根据家庭的理财金三角定律来看，在做好打底的保障型资产和保本型资产后，也可以适当地拿出一部分钱来进行家庭的中高风险投资。

对于普通家庭来说，目前能够接触到的中高风险投资分为两类：股票和公募基金。对于家庭年收入超过百万的家庭来说，还可以选择私募基金和信托。

前几年特别火爆的P2P，很多人把它视为无风险投资，事实证明，这种缺乏监管和行业规范的理财方式存在极高的风险。许多老年人被这些平台的高利息所诱惑，省吃俭用一辈子攒下的钱就这么被骗空了，也有很多家庭到现在还没有从当年的财务困境中缓过来。当然，现在P2P已经被取缔，在这一章中，笔者就不再赘述。

应该拿多少钱来投资中高风险的资产，对于不同的家庭来说，答案是截然不同的。比如，王先生一家，家庭一年的年收入只有20万元，总的可投资资产也只有10万元，同时家里还有50万元的负债。对于这样的家庭，我建议拿1万~2万元放到中高风险的投资产品中就够了，切不可抱着用小钱来赌暴富的心态进行非理性投资；否则，可能不仅单车变不成摩托，最后连单车都赔了进去，还倒欠一屁股债。

再比如，李先生一家的家庭年收入为100万元，每年的可投资资产有

50万元，同时又没有负债。那这样的家庭，完全可以投入20万~30万元，乃至更多余额在中高风险的产品中，因为他们只要做好了基础的保障，再做好基本的储蓄配置，其他的钱都可以用来博一博高收益，即使这笔钱都没了，他们还有继续创造现金流的能力。

所以，在正式开始这一章的内容之前，笔者希望你可以先清楚地盘算出自己有多少钱可以用来做中高风险的投资。判断的标准就是：假如这笔钱都亏损了，会不会对你的生活产生严重的影响。如果不会，那就继续；如果会，那就适当地减少比例。

本书所探讨的投资理念并不是教你如何暴富，因为虽然暴富神话是有的，但是，大多数的普通人可能一辈子都遇不到一个这样的机会。我经常和前来咨询的客户说，当你产生了想要暴富的心理时，距离被骗也就不远了。仔细回想一下很多骗子的行骗伎俩，无外乎就是先抛出一个诱饵，诱出你的贪心，再抛一点甜头出来，让你的贪念越来越大，最后陷入他们之前设计好的圈套中。像之前特别火的"刷单"骗局就是如此。对方会先告诉你，每天只要在家操作手机，就可以稳稳地赚100~300元钱。事实是，一开始骗子会给你一些小单子，让你赚几元钱，再告诉你要是想赚得多、赚得快，就要刷单价高的产品，但是，当你花了大几千，甚至上万元刷了一单大的以后，却被迅速地拉黑了。

所以，在做中高风险投资之前，我们一定要调整好自己的心态：做这些投资在可能获得高收益的同时，更有可能会本金全亏。这部分投资注定不能在我们的资产中占很大的比例。

第五章
冲锋陷阵，以小博大：锦上添花的中高风险资产

基金定投是稳赚不赔的吗

我相信，在读这本书的读者中，有相当大一部分人学到的第一个有关基金的概念就是基金定投。这个概念火起来的原因和股神巴菲特老爷子有关系。因为巴菲特在1993年《致投资者的信》中说过一句很经典的话：通过定期投资指数基金，一个什么都不懂的投资者通常都能打败大部分的专业基金经理。

因为巴菲特的这句话，基金定投的概念就成了诸多投资者的投资金律，但是事实上，这段话只是巴菲特举例子来解释如何进行分散投资的。而很多人在看到这句话的时候，都忽略了上下文。这句话完整的内容是："另外一种需要分散风险的特殊情况是，当投资人并没有对任何单一产业特别熟悉，不过他却对美国整体产业前景有信心时，则这类的投资人应该分散持有许多公司的股份，同时将投入的时点拉长。例如，通过定期投资指数基金，一个什么都不懂的投资人通常都能打败大部分的专业经理人。"

所以，结合上下文来看，巴菲特强调的是，如何使用指数基金进行分散投资来降低投资风险；而不是像很多人解读的，做基金定投稳赚不赔。

我在线下的沟通时，曾遇到很多咨询者说，自己一直在做基金定投，

但没有像网上说的那样赚到很多钱，甚至很多时候还是亏本的。基金定投都是骗人的。

但是，也有一部分咨询者说，基金定投真的可以稳赚不赔，自从做了定投以后，每年的收益都有6%以上，有些年份还可以有10%以上的收益，妥妥地稳赢。

为什么对于同样的一个金融产品，大家如此褒贬不一呢？

这就像是一把锋利的斧子，对于一个樵夫来说，它就是砍树的绝佳工具，省时又省力。但是对于一个厨子来说，拿这把斧子来切菜，就会事倍功半。

所以，同一个工具交到了不同人的手中，结果是截然不同的。

我们再回到基金定投。基金定投简单来说就是定时定量地投入基金。

为什么很多人会鼓吹基金定投稳赚不赔呢？这就不得不提到有名的微笑曲线（见图5-1）。

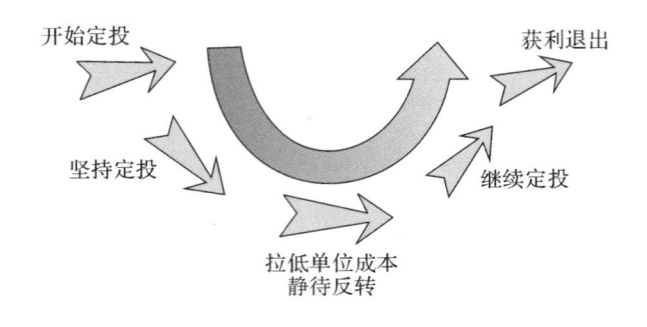

图5-1 定投微笑曲线

第五章
冲锋陷阵，以小博大：锦上添花的中高风险资产

"微笑曲线"是基金投资中一个非常经典的模型。简单来说，这个模型就是我们需要选择一个时机入场，提前设置好定投的金额和频率，进行定量的投入。金额可以根据自己的预计投资金额来定，频率可以分为每天、每周、每两周、每个月。假如我们选择的是每天定量投入100元去购买某只基金，那么每天我们的银行卡中都会被划走100元钱去购买当天的基金，因为基金的价格每天都在波动，所以，每次所能买到的基金份额是不一样的。

以图5-1的微笑曲线举例说明，假如王先生每天定投100元购买某个基金，在4月1日的时候，基金的净值为0.80元，则王先生100元可以购买到100÷0.80=125（份）基金份额；到了4月2日，基金持续下跌，跌到了0.75元，则王先生100元可以购买到的基金份额变成了100÷0.75=133（份），以此类推。

我们基于图5-1的微笑曲线模型，分别取微笑曲线开始的点、最低点和后面的最高点来做计算，讲解为什么有些人可以通过基金定投会赚到钱，但是有些人却会亏钱。

假设：王先生从4月1日开始他的基金定投计划，他计划每两周买入一次，每次投入资金1000元，当日的基金净值如表5-1所示。

表5-1 基金净值变化表

日期	当日基金净值（元）	投入资金（元）	购买份额
4月1日	0.80	1000	1250
4月15日	0.62	1000	1612
4月29日	0.78	1000	1282
总数		3000	4144

由此，我们可以看出，在 4 月份，该基金的净值是和微笑曲线完全吻合的，净值是先下降，后上升，因此，在这 3 轮定投中，王先生一共花了 3000 元，买入了 4144 份该基金，平均下来，每一份基金的持有价格为：3000÷4144=0.72（元）。

也就是说，只要在他卖出的时候，当日的价格高于 0.72 元，王先生即可从该笔交易中获利。假如王先生在 5 月 10 日卖出该基金，当日的基金价格为 0.80 元，则王先生就可以一次性获利 4144×0.80-3000=315.20（元）。

假如，5 月 10 日的时候，基金价格为 0.70 元，则王先生该笔交易会亏损：4144×0.70-3000=-99.20（元）。

因此，我们可以看出，卖出去时价格的高低，直接导致王先生这笔交易是亏损还是盈利。

通过这个案例，我们可以看出：为什么笔者强调微笑曲线仅仅是个模型，因为在日常的基金投资中，有几个无法预测的因素。

第一，何时入场。

什么时候入场，我们才能确保该基金的价格是开始往下走，而不是往上走？根据微笑曲线，我们入场后，价格只有持续往下走，我们的成本才能够降低，才有获利的空间，如果入场后，价格持续走高，那就意味着我们的持有成本是越来越高的。

继续以上面表格的 3 个时间点为例，假设在 4 月份，股市整体都在上涨，基金的净值自然也是水涨船高，以表 5-2 的净值变化为例。

第五章
冲锋陷阵，以小博大：锦上添花的中高风险资产

表5-2 基金净值变化表

日期	当日基金净值（元）	投入资金（元）	购买份额
4月1日	0.80	1000	1250
4月15日	0.85	1000	1176
4月29日	0.87	1000	1149
总数		3000	3575

这3个时间段，基金的净值呈上涨趋势，最后的平均价格达到3000÷3575=0.84（元），后期一旦基金净值回落，我们就极有可能出现亏损。

股市是一个随机波动的市场，没有人可以准确预判自己入场之后，价格会如何波动。

第二，何时退出。

笔者遇到过非常多的咨询者，提起基金定投的时候都表示，2020年的时候，其实已经盈利了30%，但是总觉得还会涨，加上一直有人说，基金定投就是要坚持长期主义，于是就一直没有出来。结果，股市持续走低，基金的亏损也越来越严重，虽然自己一直在低位买入，成本会有一些下降，但是，架不住一直往下跌，现在已经亏损了30%。

其实，大多数普通的投资者对于基金定投一定要长期持有这件事是有误解的。我们还是回到上面的微笑曲线，这个模型并没有无限制地延伸上去，而是呈现一个U字形以后，就戛然而止了。这说明，我们的定投，一定要择时而出。

众所周知，股票市场都是有牛市和熊市的。那么，投资最理想的状况

就是我们在熊市，也就是股市最低迷的时候以比较低的价格买入；等到牛市的时候，找准时机，及时套现出来，落袋为安。否则，到了下一个熊市以后，该基金的持有价格又会大跌回去。

但是问题是：谁能提前预知后面的市场是牛市还是熊市呢？答案是：没有人。

虽然我们经常会在网络上看到各种预测市场走势的"专家"，但是大多数情况下，这些预判都是不准确的。偶尔准，也是运气成分居多。如果真的有人可以准确预知股市发展趋势，那他无疑掌握了一个免费的提款机，而这是不可能发生的事情。哪怕是股神巴菲特，在他这一生的投资过程中，也踩过很多坑，亏过很多钱。

所以，不要妄图准确预判市场，更不要相信其他人口中关于未来市场的走向。我们要做的，就是及时地止损和止盈。

在第一章中，笔者让大家在投资前确定自己的止盈线和止损线，并且坚决执行。这么做就是因为我们无法预测市场，但是我们可以做好自己的风险控制。

回到开头的问题，那到底什么时候该退出呢？

答案很简单，到了自己的止盈线，就果断卖出，等待下一波机会。

之前笔者在一次线下活动中，听到著名金融学者香帅老师讲解自己的投资方式。她每年炒股只有一个目标——盈利20%，一旦达到了这个目标，就果断退出，并且这一年中，再也不炒股。

这个故事让我意识到：一个优秀的投资者，一定是一个极度自律和理性的人。大多数人在股市大涨时都会觉得一定还会涨的，这个时候卖掉太

第五章 冲锋陷阵，以小博大：锦上添花的中高风险资产

可惜了。一旦跌了一些，心里又会安慰自己：一定会涨回去的，一旦涨回去，我马上就卖。

但事实是，股票市场是不可以预判的。当我们带着盲目乐观的心态来持仓，事实往往会狠狠地扇我们一巴掌。许多人在投资中从盈利到遭受亏损，就只是因为那一时的贪念。

第三，买哪只基金。

这个问题没有办法一概而论，因为每个人所处的行业不同，所拥有的抗风险能力是截然不同的。

需要强调的是，即便两个人在同一时间选定了同样的定投金额和频率，但是投入的基金不同，所带来的结果也是截然不同的。

也就是说，不同基金哪怕是在同一个时间段的表现，差别也可能会非常大。具体如何选择适合自己的基金，笔者会在下文中进行详细的阐述。

如何选择适合自己的基金产品

在开始本节之前,笔者先简单地为大家梳理一下常见的基金类型。

从资金募集的角度来说,基金一般可以分为公募基金和私募基金。公募基金顾名思义,就是公开募集资金的基金,也就是普通投资者可以随手买到的基金产品。现在比较方便的购买方式就是用支付宝以及证券账户购买。起购的金额也很低,一般100元钱就可以购买。

私募基金指的是私下里募集资金的基金,也就是说,这种基金不向大众投资者公开募集。私募基金的购买门槛一般都比较高,大多数是100万元起步。

私募基金经理和公募基金经理的收入构成是完全不一样的。私募基金的基金经理一般都是根据基金的表现来拿提成,比如说,今年一年,整个基金盈利了5000万元,则基金经理可能会提成10%也就是500万元作为他的劳动收入,因此,私募的基金经理会更加有动力赚取更高的收益。当然,对于高收益的追逐,也很有可能会带来高风险。因此,有很多小的私募基金遇到一些大的系统性风险,就会有破产清算的风险。相反,公募基金经理的收入和他们所操盘的基金收益无直接关系,他们赚取的是手续费。这

第五章
冲锋陷阵，以小博大：锦上添花的中高风险资产

个手续费一般是按照整个基金的规模来计算的，在投资者购买该基金的时候就要进行支付。比如，某个投资者购买了 10 万元的某基金，该基金的手续费为 0.15%，则该投资者购买该基金所需要支付的手续费就为 150 元。因此，对于公募基金经理来说，他们要考虑的是怎么把盘子做大，也就是怎样让更多的人拿更多的钱来买他的基金。当然，业绩好，盈利能力强，是吸引投资者的法宝，但是，在现在这个漫天都是基金广告的年代，再好的基金，没有知名度，没有好的排名，都很难被大众所关注。所以，越来越多公募基金经理都在打造有个人特色的品牌，以此吸引更多的投资者购买他们的基金。

由此可见，公募基金经理和私募基金经理都要把自己的基金管理好，只不过，私募基金经理对于盈利更加迫切，这也解释了为什么私募基金的一般收益率普遍高于公募基金，但是同时，私募基金的风险也更大一些。

对于一般普通投资者来说接触到私募基金的机会比较少，其门槛较高，而公募基金更加大众化，因此，在本书中以公募基金为主进行重点讲解。

我们常见的公募基金又分为很多种，比如指数基金、偏股基金、偏债基金，下文中我将一一介绍。

指数基金：股神巴菲特的造梦神话

什么叫指数基金呢？在本章的开头，我们就讨论了股神巴菲特在 1993 年《致投资者的信》中提到的有关普通投资者战胜专业投资者的方法：定期投资指数基金。

你可能会好奇：什么叫指数基金？为什么定期投资指数基金会战胜专

业人士？通过定投指数基金可以实现稳赚不赔吗？

有过炒股经验的读者对"指数"这个词肯定会比较熟悉。我们先以沪深300指数为例，来解释一下"指数"。

沪深300指数是由沪深市场中规模大、流动性好的最具代表性的300只股票组成，也就是我们所谓的抽样。但是这个样本并不是随机抽取的，而是从沪市和深市的所有股票中挑选出来的。这些样本股票的价格波动，基本上代表了沪市和深市的整体波动情况。

除了沪深300指数基金之外，还有一些其他的指数基金也是跟随某个有涨有跌的标的物而上涨或者下跌的，比如中证500指数、10年期国债指数、煤炭指数、基建工程指数等。这种不需要人为去做更多决策的基金，又被称为"被动基金"。

指数基金是有挂钩的标的物的，比如沪深300指数基金是和沪深市场中300只股票的价格挂钩的，再比如煤炭指数是和煤炭的价格挂钩的。只要是商品，都会有价格的涨跌，这也就意味着我们持有的基金会有盈利和亏损。

以2018年的股灾为例，假如你在2018年初跟风购买了沪深300ETF，则到了2018年底，你的资产会缩水20%以上，因为大盘在跌，我们持有的指数基金自然也会跌。

所以，指数基金并不会在短时间内让你暴富，相反，如果入场的时机不对，依然有可能让你面临大额亏损。但是，相较于偏股或者偏债类型的基金，指数基金比较稳妥，依然可以作为家庭资产配置的一个重要部分。

第五章
冲锋陷阵，以小博大：锦上添花的中高风险资产

股票型基金

不同于指数型基金，股票型基金属于主动型基金。主动型基金的主观能动性主要是基于基金公司和基金经理的投资能力，在偏股型的基金当中，主要考验基金公司和基金经理的选股能力和他们是否可以把握合适的时机入场或退场。

由此我们可以看出，在选购股票型基金的时候，基金公司和基金经理是否优质成了一个重要的决策参考依据。

首先是挑选基金公司。我国最早的两家基金公司是成立于1998年3月27日的南方基金管理公司和国泰基金管理公司。历经了二十几年的发展后，我国目前现存的基金公司已经超过了150家，基金经理的人数也接近3000人。

一家成熟的基金公司往往会有自己的投研部，这个部门一般分为投资部和研究部。投资部是负责选择投资对象、做大量投资决策的部门，比如，要在什么时候买入哪只股票，要买入哪只债券，在什么时候又要卖掉等。如果说投资部是一家基金公司的"大脑"，那么研究部就是基金公司的智囊团，负责向"大脑"提供足够多的数据和分析，比如宏观经济分析、行业分析等。通过对这些数据的汇总整理和分析，研究部会给投资部提出一些投资建议，但是最后做决策的依然是投资部。

从这点上来看，我们在选择基金公司的时候，就一定要选择基金规模大的。因为公募基金公司主要是靠手续费赚钱，所以他们管理的基金规模越大，就意味着他们赚的钱越多，而公司在研究部的投入就会越大。研

部所提供的数据越多，就越能够帮助投资部做出正确的判断，降低损失发生的概率。

判断一家基金公司规模的主要标准是其基金管理规模。根据2021年4月天天基金的数据，我国第一梯队的基金公司有23家，每家管理的规模超过3000亿元。对于我们普通人来说，可能只要关注这头部的23家基金公司就够了，如易方达、南方基金、华夏基金、嘉实基金等。

把公司范围缩小了以后，我们就要来分辨靠谱的基金经理了。之前笔者遇到一个咨询者，他的基金亏得有点厉害。我问他："你在买之前，没有去看一下基金经理的履历吗？"他说："我其实是认真看了几个人的，但是发现他们都很牛，所以就不知道如何去分辨谁是真的牛。"

我想，这个咨询者遇到的问题应该也是很多人都会遇到的，因为一家公司中就可能有几十个基金经理。

甄别基金经理的优劣其实有两个非常简单的方法。

第一个方法是，看这个基金经理的从业年限，看他穿越了几轮牛熊周期。

在投资圈一直都有一句话：没有穿越过牛熊周期的基金经理都算"未成年"。牛市中，能赚到钱，可能和基金经理的水平并没有太大的关系，但是，如果经历过熊市，还能控制好自己的回撤和维持不错的收益，这样的基金经理才是成熟并且成功的。

笔者日常在看基金经理的简历和业绩表现以及持仓的时候，发现一个有意思的现象：一般从业时间比较短，没有经历过熊市的基金经理，投资的风格都比较激进，最大回撤往往都比较高；但是，从业时间8年以上，

第五章
冲锋陷阵，以小博大：锦上添花的中高风险资产

乃至更久的基金经理，投资风格都偏向保守，会很好地控制最大回撤。

所谓最大回撤，就是在某一周期内，这只基金或者股票的产品净值从最高点到最低点时的跌幅。举例说明，比如某只基金在2021年1月1日到2021年12月31日之间，净值最高的时候是1.5，净值最低是1.0，则这段时间内，该只基金的最大回撤为：（1.5–1.0）÷1.5=33.3%，由此可以看出，最大回撤的数值越高，这只基金可能会产生的亏损率就越高。

因此，对于一些没有经历过熊市的基金经理来说，他们投资的方式更加激进。激进的投资组合在博取高收益的同时，也面临着高风险。

那么，是不是基金经理的从业时间越长，他们的产品就越值得买呢？那倒也不一定。目前国内基金公司从业时间超过15年的基金经理数量其实很少，大概只有10人。那么，之前的那些基金经理都去做什么了呢？

基金经理作为一个靠业绩说话的职业，第一种离职的原因就是业绩不达标，被炒鱿鱼。一般来说，如果一个新的基金经理第一年表现不尽如人意，可能会有专业以外的原因，比如行情不好、板块轮动，或者疫情等不可抗力等，但是，如果第二年业绩还不好，那可能就会有很多的基民选择转投其他家的基金，这会给基金公司带来不小的损失，基金经理也可能会被炒鱿鱼。

第二个离职的原因就是跳槽。可能这个基金经理在基金领域做了一段时间后，选择去一个更好、募资能力更强的平台发展。

第三个离职原因也很常见，自立门户。常常有人说，做投资真正牛的人，其实都去做私募基金了，因为私募基金赚得比公募基金多很多，甚至好的私募基金经理的薪水比普通的公募基金经理高出10倍都不止。上文

也讲到了，私募基金经理赚钱主要是靠业绩提成，比如这个私募基金经理管理了 20 亿元的资产，当年的收益率达到了 20%，也就是 4 亿元，假如之前约定好的提成比例为 20%，那就是 8000 万元，还是相当可观的。当然，如果做得不好，也会面临自砸招牌、连温饱都解决不了的困境。

在如此大利益的诱惑下，有非常多优秀的公募基金经理纷纷出走，成立自己的私募机构，其中就有非常有名的公募一哥王亚伟，以及陈光明、于洋等投资界大佬。

所以，回到之前的那个问题：为什么不一定要选择从业时间最久的基金经理？基金经理做得久可以证明其具有一定的业务能力，但是，同时也说明了他们的能力有限，否则，可能早就出去自立门户了。

所以，在选择基金经理的时候，从业时间是一个很重要的考量标准，但却不是唯一的标准。为了能够有更多的选择，笔者建议可以把这个时间标准定在有 6 年以上的从业经历即可。

第二个方法是关注这个基金的基础指标。

这些基础指标在每个基金的介绍界面都可查阅。以支付宝上的某偏股型基金为例，有 4 个指标可以帮助我们判断该基金是否值得购买，如图 5-2 所示。

第一是这个基金的抗风险能力，对应的

图5-2 某偏股型基金指标

第五章
冲锋陷阵，以小博大：锦上添花的中高风险资产

两个指标是最大回撤和波动率。上文已经解释了什么叫最大回撤。假设我们入场购买这个基金的时候买在了它的最高点，但是卖的时候，恰好是卖在了它的最低点，那么最大回撤指标给出了这种极端情况下我们的最大损失率。虽然很少会有人遇到这种极端情况，但是对于大多数的投资者来说，一个基金的最大回撤越低，就意味着这个产品的整体收益越平稳，不会因为长期持有这个产品而产生较大的心理波动。因此，最大回撤指标是一个非常重要的考量指标。

同理，波动率可以更加精准地体现这只基金的收益波动情况，一般波动率越高，说明这只基金的抗风险能力越差。

所以，在选择基金产品的时候，最大回撤和波动率都比较低的基金，往往更适合求稳的投资者，而最大回撤和波动率偏高的，适合一些激进的投资者，因为高波动的同时，可能也意味着会有高收益。

第二是这个基金的投资性价比，我们最常用的一个指标叫"夏普比率"。这个比率的意思是，这只基金每承担一个单位的风险可获得的超额收益。该数值为正的时候，数值越大越好，因为这就意味着每单位承担的风险可获得的超额收益越高。当然，夏普比率也有可能为负数，当其为负数的时候，参考价值有限。

在整个投资环境都不好的时候，很多基金的夏普比率都是负数。

当然，笔者在这里也要提醒各位读者，**不管是最大回撤，还是夏普比率，代表的都是过去的数值和过去的基金表现**，即使目前的数据看起来很优秀，也并不能代表将来这只基金的最大回撤不会变大，夏普比率不会变低。所以，在买入了一只基金以后，也并不意味着就不需要管了。我们最好每一

周都观察一下这只基金的表现,看是否有大的变动。如果持续半年或者1年,基金的表现都低于预期,甚至低于市场平均值,那就要考虑调仓了。

通过这两个方法,我们就可以筛选出几只比较合适的基金产品。在一开始建仓的过程中,如果不确定要如何进行筛选,则可以分散买入,后面再根据基金的表现进行调仓。

债券型基金

债券型基金,顾名思义,就是以债券为主要投资对象的基金。当然,考虑到资产配比,这类基金大概会有超过80%的比例用于购买债券,剩余的用于银行存款以及其他一些比较保守的投资。

和股票相比,债券的安全性和稳定性要高很多,自然,此类产品的收益性略低,比较适合更加求稳的投资者。

从投资的标的物来看,债券型基金的投资标的物可以分为短债、中长债和可转债。如果投资标的是短债的话,风险较为可控,但是收益也仅比货币基金高一点;如果投资标的是中长债,债券持有周期长,风险略高,收益也略高;如果投资标的是可转债,则风险和收益都属于债权类基金中最高的,有关可转债的内容下文会具体讲述。

在经济处于下行的时候,债券类基金比较受欢迎,普通投资者在选择的过程中,只要不贪图高利息,一般也不会踩坑。

看到这里,很多读者也可能会问:偏股型的基金和债权类基金在选择的时候方法都一样吗?因为这两者都属于主动型基金,在选择的时候,基本上都要考察公司的规模和基金经理的管理能力,所以,两者的筛选方法

第五章
冲锋陷阵，以小博大：锦上添花的中高风险资产

非常类似。

但是，这两种类型的基金风格却是截然不同的。债权类基金的最大回撤、波动率，相较于偏股型的基金都要小很多，这是因为它们投资的底层资产不一样。偏股型的基金投资的对象主要是股票市场，而债权类基金投资的是债权市场，前者属于权益投资，后者是债权投资。权益投资主要是靠企业盈利分红和股价上涨来赚钱，而债权投资主要是靠利息收益和利率浮动来赚钱。因此，相较于股票投资，债券投资的风险系数要小很多。同理，债权类基金的风险低于偏股型基金，因此其收益也不如偏股型基金。

以上就是几种常见的基金投资的类型，包括指数基金、偏股型基金和债权类基金。一般在进行家庭资产配置的过程中，这几类基金都需要进行一定比例的配置。但是由于不同家庭的投资习惯和投资偏好不同，配置的每种类型的基金比例也不一样。

笔者之前接受过一个家庭的理财咨询，夫妻因为家庭资产分配的问题吵得不可开交，下面以这个家庭情况为例，讲解家庭资产分散投资的重要性。

先生自己创业，现在属于创业起步期，每年的收入大概有50万元。他对将来的收入很乐观，所以投资风格很激进，投了相当大一部分钱在股市中，甚至还拿了一部分钱去投资期货。太太是一家公司的财务，属于投资风格非常保守的人。她把钱更多地放在货币基金和银行存款中，不愿意做任何有本金损失的投资。

结婚几年来，两个人都是各管各的钱，倒也相安无事。但是

今年他们有了自己的小宝宝，在给孩子如何存教育金方面，两个人出现了很大的分歧。先生主张每年花一笔钱买股票，等孩子需要用钱的时候，卖掉就可以。太太主张直接给孩子办一张银行卡，每年往里面存一笔钱，做银行定期。先生觉得太太简直是在浪费钱，存在银行里面的钱，完全跑不过通货膨胀，而太太觉得先生简直是在赌博，搞不好连孩子上学的本金都会亏光。

他们通过朋友介绍，找到了我，想听一听我的建议。仔细听完两个人的情况后，我说：家庭资产的配置，就像是一场足球比赛，为了能够取得不错的比赛成绩，除了每个队员都要很厉害以外，更要做好排兵布阵。当然，在不同的比赛中，面对不同的对手，我们排兵布阵的策略是不同的。我们就针对孩子的教育金这个部分来说，孩子的教育金是将来孩子一定会用到的刚需支出，用到的时间和金额都是确定且没有任何弹性的，同时，孩子的教育费用只会比我们现在预期的更多，而不会更低。

在这样的情况下，我们的排兵布阵会以防守为主还是进攻为主呢？

两个人想了一下，都认为是以防守为主。我说：对，既然是这样，那我们就要选择一个比较强的守门员，同时增加1~2个后卫。前锋方面，虽然人数不需要很多，但是也要有，毕竟一味地防守，也会让我们错失很多机会。

那么，在这个布局中，保险中的教育金产品就像守门员，偏债类型的基金就像后卫，股票和偏股型的基金就像前锋了。

第五章
冲锋陷阵，以小博大：锦上添花的中高风险资产

先生听完后，说：就孩子的这笔钱，我们要分散这么多份吗？我说：不仅仅是孩子的这笔钱，你们整个家庭的可投资资产都要有意识地去做这样的划分。否则，就像足球比赛，如果全场都是前锋，那么虽然一直在进攻，却无法抵御各种市场风险，不仅会导致进攻失败，还有可能会让大本营失守，也就是失去部分甚至全部本金。

先生又说：我平时炒股的时候，都是买不同的股票，这不也是一种分散投资吗？我请先生打开了炒股软件，看了看他的持股：有基建类的，有新能源类的，有消费类的，持股数达十几只，相较于一些只抱着1~2只股票的人来说，确实是属于分散投资了。但是仔细一看，他50%的持仓都在基建类。我顺嘴又问了一下他的职业，他说是做道路工程施工的。虽然他的职业领域不完全等同于基建，但是也和基建归属于一个大类。于是我就和他说：你看，你的持仓和你的工作其实有很强的相关性。基建类是属于周期股，周期股的意思是：经济在复苏的过程中，需要大量的基础建设来促进经济发展，比如房地产开发等，但是当经济开始缓慢下滑的时候，基建类就会受到比较大的影响，因为国家没钱了，自然没有那么多钱投资基础建设了。在这种情况下，你的工作和你的股票都会受到比较大的影响。为了对冲这样的风险，你需要增加一些逆周期的股票配置，比如农业类、医药类，因为不管经济处于什么阶段，大家都是饿了要吃饭，病了要去看医生的。

先生听完后，心服口服，对太太说：我们就按照露露说的办，

把家庭的可投资资产整理汇总一下，进行一个全盘的规划和分散性投资。

在之前的章节中，笔者也提出，家庭投资中有一个非常重要的原则就是分散投资。在讲完了这么多理财工具后，你依旧需要对自己的家庭资产做一个全面的梳理，把钱分散到不同的工具中，提高家庭的抗风险能力。

当然，如果你现在手头的钱还比较少，比如低于10万元，那笔者建议你先保守投资，同时努力工作，增加赚钱能力，等到本金多起来，再进行分散投资。

第五章

冲锋陷阵，以小博大：锦上添花的中高风险资产

为什么你一买股价就跌，一卖就涨

笔者经常遇到很多咨询者抱怨：我以后再也不炒股了，别人都说不能预测股市，但是我却总是能完美地预测。因为我一买，这只股票就跌，但是当我咬牙卖掉以后，股票马上就涨！！！

难道股市是真的跟我们过不去吗？是不是真的有一双无形的大手在操控，等我们买入就跌、卖出就涨？

事实当然不是这样。那么，为什么这么多人会有这样的感觉呢？下面，笔者就用一个咨询者的故事来解释。

小琳是一个30岁的全职太太。孩子大了，她就开始琢磨要做点什么事情来赚点零花钱。在一次闺蜜聚会上，她听到好几个姐妹都在讨论炒股的事情。其中一个闺蜜说：昨天我的股票涨了5%，我就投了20万元，昨天一天就赚了1万元，这个钱比我上班都赚得多，今天这顿饭，我请了。另外一个姐妹也不示弱，说：你这才5%呀，我昨天还有一只股票涨停了！

小琳听得云里雾里，回到家去百度学习了一下，才知道原来涨停的意思是涨了 10%，那如果花 20 万元买了这只股票，一天就能赚到 2 万元。这个赚钱速度可真快，小琳心里直感叹。

但是由于自己对股票投资知之甚少，更不知道如何选股票，于是她又请好姐妹吃了顿饭，问她们是怎么选的。几个姐妹神神秘秘地说：炒股么，当然要靠内部消息了，要不然，市场上这么多股票，谁知道怎么选！小琳说：那，这个内部消息从哪里来呀？一个姐妹说：炒股肯定是要抱大腿的，看看谁炒股赚得多，就去找谁问咯！小琳笑着说：那我这不是来问你们了！好姐姐，快告诉我，你上次买的涨停的股票是哪只？

小琳得到了股票名称以后，回到家就和先生商量，打算花钱去买这只股票，最后决定，先买个 10 万元试试水。这之后，只要一开盘，她就抱着手机看股票的价格走势，一旦涨了，就很开心，一旦跌了点，就很郁闷。但是姐妹告诉她，一定要拿得住，临时性的亏损是正常的，一定会涨回来的。

于是，经历了一个月涨涨跌跌后，小琳发现自己也赚了 5%，也就是 5000 元钱。于是，她又加码了 20 万元。

就在小琳以为自己每个月可以躺赚几万元的时候，这只股票却开始跌，之前赚到的 5% 也很快跌没了。小琳开始慌乱起来，问闺蜜是怎么回事，闺蜜说，没事的，只是临时性的调整，不用担心，肯定会涨回来的。于是，小琳继续等下去，慢慢地，本金从 30 万元跌到了 21 万元。小琳发现，每天一睁眼，钱就在哗哗流走，终于，当她的本金跌到只有 18 万元的时候，她忍痛割肉离

第五章
冲锋陷阵，以小博大：锦上添花的中高风险资产

场了。这时候距离她进入股市，也仅仅半年时间而已。

小琳很困惑：为什么她会损失这么惨重？股票市场到底是怎么玩的？

我相信，每个有过炒股经历的人，都会从小琳这个例子中看到自己的影子。本来只是想通过股票赚点零花钱，却不承想，本金都被股票吃掉了。小琳还是属于可以理智止损的，在本金还有18万元的时候，果断离场，避免了进一步的损失，但是很多人即使亏损了50%以上，依然不舍得卖，等待有朝一日，这些股票可以翻红。当然，这不是不可能，只是可能性真的不高。

为什么会有这样的情况？我们回到最原始的供需关系来看，每家公司发行的股票在一个特定的时间来看，数量都是有限的。如果购买的人多，供不应求，自然价格就会被抬高；但是如果买的人少，卖的人多，自然价格就会回落。在股灾的时候，很多人持有的股票根本无法卖出去，最主要的原因是没有人接手，只能眼睁睁看着自己账户里面的钱越来越少。

在小琳的这个案例中，她刚买入这只股票的时候，也许是因为有某些所谓的"内幕消息"，购买的人多，就把股价抬了起来，而这时散播消息的人悄悄卖掉了手中的持股，卖得多了，自然价格就跌了。随着股价的下跌，会有更多的人跟着卖，由此就造成了股价的持续下跌。

这也是笔者在之前章节中一直提示大家的：不要靠内幕消息来炒股的原因。

"炒股"时，你的对手是谁

这是一个每一个即将入场的股民都要提前想好的问题。这个问题直接决定了你是否要入场，以及以什么样的心态入场。

笔者问过很多咨询者这个问题，大多数的咨询者听到这个问题都会愣住，最后说：我的对手？我就是想赚点钱，没想过那么多。我接着问：那你赚的是谁的钱呢？他们还是会愣一下，然后说：赚的是那些不如我的人的吧。

再仔细聊下去，笔者会发现，很多咨询者连这个问题都没想明白，甚至还有人以为股市是一个可以印钱的地方，真的让我哭笑不得。

股市从根本上来说，其实就是零和游戏。零和游戏简单来说，就是有人赚钱就一定有人输钱，一输一赚，加起来就是 0。因为股市本身是不发行货币的，所以，如果你赚到了钱，就意味着一定有人输钱了。

中国股票市场的钱主要来自于散户和机构。所以，我们的对手只能是其他散户或者机构。机构是专门做投资的，我们和机构去 PK，就类似于小白选手在拳击赛场上和职业拳手对打，结果可想而知。赚不到机构的钱，我们就只有一条路，跟着机构，去赚其他散户的钱。

跟着机构有两种方式：第一种方式是直接购买基金，把钱交给专业的公司进行管理，具体的购买方式可以参照上一节。第二种方式就是认真读完这一节的内容，相信读完这一节，一定可以让你对股市的认知超过大多数在场的散户。

第五章
冲锋陷阵，以小博大：锦上添花的中高风险资产

股市的涨跌停

中国的股市主要分为主板、创业板和科创板等。

主板是我们日常投资者接触的上交所和深交所的主板市场，这两个市场股票数量最多，上市门槛最高，监管最严格，但是投资者的开户门槛却是最低的。所以，主板里面的散户数量也是最多的。主板每日涨停和跌停的最大比例都为10%，也就是说，每天开盘涨到了10%后，就无法继续交易了；同理，跌到了10%后，也无法继续交易。

创业板是在深圳证券交易所上的一个板块，相比主板，创业板的上市门槛要低一些，这也意味着投资创业板公司的风险更大，但是收益也可能会更高。像最近两年特别火的宁德时代，就是创业板的。因为风险大，所以对于创业板投资者的筛选就更严格一些。如果想开通创业板，需要满足3个条件。

第一，开通前20个交易日，日均资产大于10万元。这里要求的是交易日，正常情况下，每周一到周五均为交易日，周六和周日休市，遇到一些法定节假日，也会休市。因此，实际上20个交易日，正常是1个自然月以上。日均资产指的是资金和所购股票的市值均超过10万元，也就是说，我们股票市值只要大于20万元，就符合条件。

第二，有24个月以上的证券投资经验。也就是说，从你买入第一只股票开始算起，满2年即可。如果只是开户，但是并没有进行过任何股票买卖的操作，也不符合条件。

第三，需要满足风险测评等级的要求——积极型或积极型及以上。证

券投资都有一定的风险性，因此，投资者需要符合风险等级的要求，才能开通。

创业板的风险高还体现在每日的涨停和跌停比例均为20%，超过了主板，也就是说，100万元的本金，每天最多可以赚到20万元，最多也可能会亏到20万元。这对于一般的投资者来说，确实需要强大的内心。

所以，创业板更加适合机构和一些更加专业的投资者，普通投资者并不建议入创业板。

科创板是在上海证券交易所上市交易的，科创板对公司上市的门槛要求更低，但是对于投资者来说，投资门槛更高。个人投资者想要参与科创板，需要满足3个条件：（1）开通前20个交易日证券账户和资金账户的平均余额均不低于50万元；（2）参与证券交易24个月以上；（3）需要满足风险测评等级的要求——积极型或积极型及以上。所以，和创业板相比，科创板更不是普通投资者可以涉足的，笔者也不建议你去碰。

所以，对于初级的投资者来说，就先从最基础的主板入手，等积累几年经验以后，再考虑是否进军创业板和科创板。

如何选择适合的股票

目前国内的A股市场有4000多只股票，我们应该如何挑选自己想入手的股票呢？

笔者要先讲一个我们国内股市独有的现象：同涨同跌。

笔者日常的自选列表里面有三十几只股票，它们多隶属于不同的板块，有基建类的，有消费类的，有新能源的，有金融证券的，也有化学制药的，

第五章
冲锋陷阵，以小博大：锦上添花的中高风险资产

等等。虽然行业跨度这么大，但是我却惊奇地发现：每次遇到大盘大涨的时候，基本上我自选的所有股票都是一片红；当遇到一些不好的消息，大盘大跌的时候，自选里面也是一片绿。

以至于每次遇到大涨大跌的时候，都没有人关心你到底买了些啥，因为基本上人人都涨，或者是人人都亏。

笔者的妈妈以前也是一个老股民，她是在2007年左右入的股市。当时笔者还在读高中，2007—2008年是股市疯涨的两年，那时我下了晚自习回到家，妈妈都会兴高采烈地跟我说，今天她的股票又涨了多少，又有几只股票是涨停板。有几次，我妈妈还手舞足蹈地跟我说：哎，我可真是个股神。

当时真的是全民炒股，每个人不管买什么，都能随随便便喜提涨停，每个人都觉得自己是股神附体，买什么涨什么。

后来，我妈妈也慢慢往股市里面加码，从一开始的几万元，到后来的十几万元，再到后来的40万元，那时候的40万元真的是我们的全部家当了，因为收益实在是太诱人了，每天涨5%到10%，即使中间偶尔有下跌，也是很快就回来了。中国股市的最高点，也出现在2007年的10月16日，是6124点。

然而，这一切在2008年被彻底打破。全球金融危机爆发，股市从2007年的6000点直接跌到2000点以下，上演了一场巨型股灾。

我妈也不知道从什么时候开始，再也不提自己是股神，证券账户里面的钱也直线缩水，前一年赚得有多轻松，这一年亏得就

有多肉疼。

  那个时候真的没人关心你到底选了哪几只股。在大跌大涨的过程中,无论大家选的是什么股,基本上都是同涨同跌。

即使到了现在,我国的股市依旧如此。在2022年初,受各种内外环境的影响,大盘持续走低,最低甚至降至2900点以下。在大盘不停下探的过程中,大多数股票的涨跌都是和大盘的走势直接相关。

我们知道对一只股票价格最核心的影响因素其实还是这家公司的经营和盈利情况。因为从长期来说,买股票其实就是持有一家公司的股权,如果这家公司持续盈利能力强,则每年给的分红会很多,同时,想要持有这家公司股票的人也会越来越多,股票的价格也会越来越高。

影响公司经营和盈利状况的因素可以分为系统性风险和个体风险。

系统性风险指的是会影响全盘的风险。比如,2008年的全球金融危机,这种风险会影响到全国各地,影响到各行各业,自然而然也影响整个大盘的指标。个体风险则指的是由公司自身造成的风险。比如某银行被爆出高管出事的消息后,当天,该股票就应声下跌;再比如,某新能源公司因为业绩报表数据不及预期,在财报公布第二天,直接跌停。因此,这种个体风险只会对该只股票有明显影响,对其他股票影响不大。

所以,从理论上说,应该是只有发生系统性风险的时候才会出现同涨同跌的情况,但事实上,对大盘过于敏感和依赖,而对各家公司披露的一些个体化的信息不敏感,是我们国内投资者的一大特征。因此,每当大盘猛涨的时候,投资者就猛冲,冲得什么股票都涨。当大盘下跌的时候,投

第五章
冲锋陷阵，以小博大：锦上添花的中高风险资产

资者就拼命往外逃，不管手持的股票是什么，都得拼命卖。

当然，随着制度规范和监管越来越严格，越来越多的投资者会更加关注股票本身的价格和将来该公司的发展前景。我们在进行股票配置的时候可以先明确3个原则，这3个原则可以帮助我们有效地分散风险。

第一个原则是，不能把所有的钱都拿来买某一只股票，特别是和自己工作关联性特别强的股票。

2021年的新东方就给很多将全部资产作为赌注的投资者上了重要的一课。短短几周内，新东方从100多港币的价格直接跌到10港币以下，让诸多满仓的投资者"一夜回到解放前"。笔者还有一个朋友，自己的老公在新东方是高管，因为非常看好公司的发展，重仓了该股票，却不承想，资产在短时间内灰飞烟灭，自己也失业了。这就是典型的鸡蛋放在一个篮子里，篮子破了，鸡蛋也碎了。

其实在投资过程中，投资者都会更加倾向于投资自己熟悉的领域。比如：制药行业工作的投资者，就偏爱医药板块的股票；新能源行业的从业者，更爱买入锂电池之类的新能源板块的股票。人总是对自己熟悉的领域更加自信，也更加愿意投入；对于自己不熟悉的领域，有天生的恐惧感。但是在投资过程中，我们需要克服这种天生的恐惧感，去了解和接触更多其他的行业，特别是和自己行业属于相反周期的行业，这样在自己的行业遇到一些问题的时候，资本市场还可以略给一些安慰。

第二个原则是，在入场前，给自己设立清晰的止盈线和止损线。这一重要性在前面的章节中已经做了非常详细的阐述，希望每一个要入场炒股的读者，都要严格遵守自己在入场前设立的标准。想要克服人性的弱点，

最好的办法就是用规定和制度来进行约束。

第三个原则是，学会看每家公司的市盈率。

对于行业内的专业人士来说，判断一只股票是否值得买有很多考虑维度。大到宏观层面的分析，比如分析中国现在的经济发展阶段属于复苏期、繁荣期、衰退期，还是萧条期，再看中国的一些宏观经济指标，比如GDP、PPI指数之类；小到公司的战略分析、财务报表分析等。这样的分析对于大多数散户来说，都是不可能的。所以，如果我们想要简单地判断一个股票是否真的值得买，我们就学好一个基础的指标：市盈率。

市盈率从字面上来理解，指的是其股价和利润的比率，分子是股价，分母是利润。因此，如果两家公司利润都一样，那么，股价越高，市盈率就越高，股价越低，市盈率就越低；如果两家公司的股价一样，利润越高，市盈率反而越低。

所以我们常常会说，市盈率比较低的股票，也就是买入价格较低但是实际盈利往往不低的股票，比较值得被关注和入手。

市盈率又分为动态市盈率和静态市盈率。动态市盈率是根据最近的报告期预估全年的净利润，从而计算出来的。比如，一季度财务报表出来以后，我们就可以根据一季度财务报表上的利润来预估全年的利润，从而计算出基于一季度财务报表数据的动态市盈率。静态市盈率则是以最近一年年度财务报表上的真实净利润来计算市盈率，所以，这个市盈率其实是反映了去年一年的经营状况，具有一定的滞后性。比如，2022年我们看到每只股票下面显示的静态市盈率其实反映的是2021年的经营情况。

因此，我们在看市盈率的时候，需要将动态市盈率和静态市盈率结合

第五章
冲锋陷阵，以小博大：锦上添花的中高风险资产

起来看，特别是针对一些受季节性销售影响比较大的行业。

我们以五粮液这只股票为例，笔者写这一节的日期是 2022 年 6 月 2 日，此时五粮液最新的财务报表是 2022 年一季度的财报。所以，依据一季度的财报数据，五粮液当前的动态市盈率是 15.21，但是静态市盈率是 28.18，为什么差别会这么大呢？因为酒属于季节性销售的产品，每逢春节的时候，销量都会迎来一个高峰，所以，五粮液一季度的整体数据自然比较好。

当然，市盈率主要是用来对比相同行业的不同公司。比如，茅台和五粮液，都属于白酒类，茅台的静态市盈率为 42，比五粮液要高一些，看起来应该是五粮液更值得入手。但是，事实上，茅台在白酒赛道上一直都稳坐第一名，每年的净利润增长率超过 50%，而五粮液仅为 37% 左右。所以，对于一些王牌公司来说，市盈率高也意味着它们有更强的盈利能力，市场会给出更高的定价，自然也更值得投入。

所以，我们在选择股票的时候，如果发现两只股票的盈利增速差不多，则入手市盈率低一些的更加合适。但是如果有一只股票的盈利增速特别快，那么即使市盈率偏高，也比较值得入手。

掌握了以上三大原则，我们在做股票选择和配置时才能够真正地做到风险分散，同时也不会踩雷。不过，笔者还是建议没有投资经验的投资者不要轻易进入股票市场，特别是在最近几年经济环境整体不是很稳定的情况下，股市也是极度不稳定。就像上文所说的，虽然你可以学会如何选一只很有前途的股票，但是，中国的股市同涨同跌的现象也很明显，增长型的股票在大跌的环境中，也很难独善其身。

可转债，打新股，是不是稳赚不赔

可转债和打新股这两个投资工具现在被越来越多的人所熟知，笔者就听到很多咨询者点名要求学习如何购买可转债和打新股，因为听说这两个投资工具都是稳赚不赔的，而且收益还很不错。

在之前的章节中，笔者就提到过投资理财金三角定律——流动性、安全性和收益性三者不可兼得。但是在很多人的心里，可转债和打新股就完美兼顾了这三者。那么，这两种投资工具真的有这么好吗？

可转债

可转债在前几年突然火了起来，周围很多人都热衷于去打可转债。为了提高中签率，很多人还给家里的老老少少都开通了账号，每天挨个登录账号预约打新。

虽然抢购的人太多导致每个人中签的数量和金额都很少，但是，因为时间短，投入少，回报率也还可以，可转债就成了很多人赚"零花钱"的理财方式。

可转债的全称是"可转换债券"，其本质还是债券，只不过，持有者

第五章

冲锋陷阵，以小博大：锦上添花的中高风险资产

有将其转换成股票的权利。所以，我们可以简单地把可转债理解成：债券+股票的可转换权。因为这种类型的债券多了一个可转换权，所以，票面利率相比一般的债券而言要略低一些。

那么，我们怎么用可转债来赚到钱呢？笔者用一个例子来做具体的讲解。

小王是一家公司的职员，存款金额有限，平时工作也不是很忙，他很热衷于打可转债，每次有新债上市的时候，都会第一时间去申购。为了提高中签率，他给自己的父母也开通了证券公司的账号。

2020年，小王很幸运地中了一签可转债，名称为"某春转债"，一签是10份，每份是100元钱，也就是他总共只需要支付1000元。中签以后，小王赶紧把1000元钱存到自己的证券账户中，钱被扣完后，他就持有了10份"某春转债"。该可转债的转股价为8元钱，利率为：第一年0.50%，第二年0.80%，第三年1.20%，第四年1.80%，第五年2.50%，第六年3.00%。

情况1：

过了半年后，该可转债可以转股了，这个时候，该股票的市场价格是10元，但是小王持有的这个可转债的转股价为8元。也就是说，小王持有的总共1000元的可转债，如果转换成股票的话，可以转成1000÷8=125股。转换完成后，小王立刻在股票市场上以10元/股的价格卖掉了这125股的股票，共计1250元。相比较之前的1000元的本金，小王在半年的时间里，赚到了250元，

也就是25%的收益。

情况2：

过了半年后，该可转债可以转股了，这个时候，该股票市场价格是10元，但是小王选择继续持有该可转债，没有立刻选择去转化成股票。后来，该股票继续上涨，在接下来的连续30个交易日内中，有16天的收盘价格都超过了10.4元，也就是超过了8元钱的130%。

这是可转债比较特殊的地方。可转债一般都有强制赎回条款，该条款约定：如果公司股票连续30个交易日中至少有15个交易日的收盘价格不低于当期转股价格的130%（含130%），则债券发行方可以以强制赎回价赎回所有的可转债。

因此，小王很快就接到了该可转债要强制赎回的通知，强制赎回价格为100元。在这种情况下，小王立刻把手里的债券按照8元的转股价进行了转股操作，获得了125股该公司的股票。几天后，小王在市场上以11元的价格出手了该股票，共计125×11=1375（元），相比较之前的1000元钱本金，赚到了375元，收益率达到了37.5%。

情况3：

过了半年后，该可转债可以转股了，这个时候，该股票的市场价格是7元，可转债的转股价依旧为8元。因此，小王决定在手里放一段时间。过了一段时间以后，该股票依旧没有达到8元，但是该可转债的价格已经从一开始的100元，涨到了105元。于

第五章

冲锋陷阵，以小博大：锦上添花的中高风险资产

是，小王直接以105元的价格，出售了手里的10份可转债，共计1050元，相比较之前的1000元本金，赚了50元，也就是5%的收益。

情况4：

过了半年后，该可转债可以转股了，但是，该公司却出现了严重的经营不善，股价一直维持在8元以下，并且该可转债的价格也一直低于100元。小王很纠结，他现在有两个选择：（1）现在直接把可转债卖掉，成交价只有95元左右，那肯定是有本金损失的。（2）继续持有，还可以享受每年的利息，虽然前几年的利息非常低，第一年只有0.5%，但是最起码本金还在。该债券的期限是6年，也就是说，6年后，如果小王一直都没有转股，则到时候可以连本带息一起拿回。

小王决定采用第二种方式，先暂时持有，再看情况。

一年又过去了，该公司持续经营不善，其股票在任意连续30个交易日中至少有15个交易日的收盘价低于当期转股价格的85%，也就是低于了6.8元，符合了下调转股价的要求，公司被迫下调了转股价到7元钱。

又过了半年，该公司股票终于回到了7.5元。于是小王及时把手中的可转债按照7元的转股价转成了142股股票，并以7.5元的价格卖了出去，共计1065元，去掉1000元本金后，净赚65元。

由此，我们可以看出，通过可转债赚钱的方式一共有两种。

第一种是该公司的股票市场价格高于转股价的时候，比如我们的转股价是 8 元，只要转股以后市场价格是高于 8 元的，我们就可以通过赚差价的方式赚到钱。

第二种方式是在可转债市场上，我们持有的这只可转债价格上涨，超过 100 元，我们也可以通过直接在可转债市场进行交易来赚钱。

但是，如果两者都没办法赚到钱怎么办呢？还有一种最极端的，就是持有至到期，比如 6 年期债券，那么，到期后还是可以连本带利拿回来的，只不过持有的时间长，利息收益较低而已。不过你可能会担心：会不会存在公司偿还不了的可能性？这种可能性也有，但是的确不高，因为能够发行可转债的公司都是经过严格筛选的。比如，要求这家公司最近 3 年连续盈利，且净资产收益率平均在 10%，公司的负债率不能高于 70%，累计的债券余额不能超过净资产额的 40%，还应当符合公开发行股票的条件。这些条件都可以很好地保障投资者权益。

所以，如果是有耐心可以等到可转债到期，那么，可转债的确是一个保本的理财投资。但是，如果只是把它当成一个短期的投机，那结果有可能会让你失望，现在有越来越多的可转债在短期内是亏损状态的了。

那么，我们怎么申购可转债呢？

可转债的申购是在我们的证券账户进行的，所以，需要我们先开通一个证券账户。然后在证券账户中，开通可转债的交易权限即可。

在有新债发行的时候，系统会提醒我们及时去打新，如果想要提前知晓，也可以在一些网页进行查询，比如"集思录"。在申购的过程中，每张 100 元，最多一次申购 1 万张，我们就直接填写 1 万张即可，完全不用

第五章
冲锋陷阵，以小博大：锦上添花的中高风险资产

担心自己会中到 1 万张，现在可转债的中签率都在 0.002% 左右，一般要运气够好，才能中 1 签，运气极好的人，才能中 2 签，把张数填到最大，也是为了增加抽中的概率。申购完成后，就等中签结果，如果真的运气够好，中签了那就赶紧把钱存到证券账户中。交完钱以后，大概还要等 1 个月，可转债才会真正到我们手里。

正常来说，打可转债的投资者都是短期投资者，在上市当天，都会卖出变现，哪怕跌破了 100 元面值，也直接卖出去，控制亏损。具体的操作方法，可以参考笔者上文的案例，针对不同的情况，采用不同的策略。

打新股

打新股一直以来都备受股民追捧，很多造富神话也都源于此。以前经常听到有一些幸运儿中了新股以后开心得手舞足蹈，因为这就意味着股票一旦上市，股价少则翻一倍，多则翻几番。

但是，从理论上来说，新股上市以后，价格也是会有波动的，投资者也是有风险的。只不过在过去的十几年当中，打新股确实是中国股市独有的"无风险"套利策略，只不过这个"无风险"是来源于监管和政策的不完善。

什么叫打新股呢？简单来说，就是拿到一手的股票，再去二级市场进行交易。以商品买卖为例，假如我们有机会可以从工厂直接采购到口罩，则我们拿到的出厂价格一定是比较低的。拿到口罩后，我们就可以去市场上卖，只要市场价格高于出厂价格，我们就可以赚到差价。打新股也是这样的赚钱逻辑。所以，如果想要赚到更多的钱，我们拿到的新股的价格一

定要够低。

事实上，A股市场的打新从诞生以来，也经历了很多的政策变化，每次变化都和A股的发行制度有关。从2021年开始，A股市场开始实行注册制，相比之前的审核制，其效率高很多，证券监管机构负责制定和公布标准，证券中介机构负责审核，通过以后就可以上市。所以，现在的上市难度相比之前要低很多，能通过审核的公司也越来越多。

除此之外，新股的定价方式也从2021年9月份开始发生了一些变化。其中，高价剔除机制进一步完善，高价剔除比例从不低于10%调整为不超过3%、不低于1%，因此，询价机构报价中新股的发行价明显高了很多，新股发行市盈率大幅提高。

上市的公司多了，自然就鱼龙混杂，同时，新股的定价也越来越高，对应的新股破发（跌破发行价）的概率也会越来越高。截至2022年5月，在本年发行的95只新股中，上市破发的有25只，比例超过了26%。可以预见的是，在将来，A股通过打新来进行套利的成功率也会越来越低。

当然，投资者也不必因噎废食，因为怕跌破发行价就不再打新股。不过，也不是谁都符合打新股的条件的，如果你想要打新股，就需要满足账户市值的要求，对于沪深主板来说，要求我们的账户在过去20个交易日里的股票市值达到1万元以上。因为沪市和深市是分开计算的，所以，如果想要申购沪市的新股，沪市的股票市值要达到1万元；深市的要求略低点，达到5000元即可[①]。

那么，在打新过程中，要如何避免踩到破发的雷呢？有两个简单的分

---

① 作者注：打新要求会根据监管规定和要求不定时进行调整，以最新为准。

第五章
冲锋陷阵，以小博大：锦上添花的中高风险资产

辨标准。

第一，发行价格特别高的新股要谨慎。一般超过100元钱的新股，就要特别谨慎，如果真的中签了高价位的新股，在缴费前都有时间考虑是否要弃购，如果觉得风险太大，就让股票账户的资金不足以用来扣缴费用即可。

第二，看这只新股的市盈率。把这只新股的市盈率和行业的平均市盈率做一个对比，假如行业平均市盈率是25，但是该只新股达到了50乃至更高，那就说明这只新股存在估值过高或者利润过低的风险（关于市盈率的详细讲解可参考上一节），不管是估值过高，还是利润过低，这只新股的破发风险都比较高，要谨慎购买。

一般来说，如果新股的市盈率略高于，甚至低于行业市盈率都是属于比较安全的，出现破发的概率都很低。所以，如果你中签了这样一只新股，可以放心地留下来。

打新股和可转债最大的差别在于，它是有可能发生亏损的，并且可能会越亏越多，因为新股如果在上市第一天就下跌，这意味着大多数投资者对这只股票和这家公司并不看好，以后也很难再涨上去。所以，一般来说，如果在上市当天就破发，建议持有人也尽快抛售止损。即使当天上涨，甚至涨停，也建议尽快卖掉，落袋为安，不能让我们凭运气赚来的钱，一个不小心又亏掉。

综上所述，我们可以发现，不管是可转债还是打新股，都过了闭着眼睛靠运气赚钱的时候了。所以，当我们真的中了可转债或者新股的时候，也要理性分析一下，是否真的值得下手。

房产投资的这笔账如何计算

提到家庭理财,就不得不提房产投资。在过去的几十年里,中国的房地产价格增速在全球也是数一数二的。很多 70 后和 80 后普通家庭抓住了房价上涨的红利期,一跃而起,成为财富新贵。这样的投资回报,归功于巴菲特所说的"卵巢红利",也就是生逢其时。这样迅速的财富积累,在将来数十年的房产市场上都很难再看到了。

笔者有一个同学的姐姐,虽然只是中专学历,但是对买房子很有执念。2008 年的时候,南京的房价每平方米只有几千元,就连北京、上海,每平方米几千元的房子也是随处可见。这时候,我同学的姐姐果断下手买入了一套浦口区的房子,总价 50 万元不到,当时首付款比例也很低,只要 30%,也就是 15 万元。买完这套房子以后,她把这套房子抵押给了银行,贷款了 30 万元出来,去南京河西买了一套总价 80 万元的房子。而后,又把这套 80 万元的房子做了二次抵押,继续买房。

到了 2014 年的时候,南京的房价已经翻了好几番。这个姐姐在河西的那套房子,已经从 80 万元涨到了 300 万元,其他的房子也是翻着倍地涨。2015 年的时候,她卖掉一套房子,基本上就把手里多套房子的银行贷款都

第五章
冲锋陷阵，以小博大：锦上添花的中高风险资产

还清了。现在这个姐姐基本上也不工作了，就靠着收收房租，每个月也有几万元的收入。

我的同学向我感叹：如果我们早出生几年就好了，我们刚出来工作，手头有点钱，房价就涨上来了，只能全家人东拼西凑买套房。在房价上涨的半山腰上，想买个100多平方米的房子，都是奢望。

像我这个同学姐姐这样的操作方法，在2008年左右是非常常见的。那时候，全球金融危机，国家放水了4万亿元来刺激经济，大量的热钱都流向了房地产市场。温州炒房团也因此声名鹊起。每年都会有一些专家唱衰房地产市场，认为房价从每平方米2000元涨到5000元已经很高了，但是事实上，房价很快就又从5000元涨到了1万元。专家又在呼吁：1万元已经过热了，不建议大家再入手房产，但是很快，房价又从1万元涨到了1.5万元、2万元……再多的理性购房的呼声都比不上市场的狂热，从2008年到2015年这几年，中国的房价上涨速度远远超过了任何的投资。有一些炒房的人，在年初买一套100万元的房子，年末就能卖个200万元，净赚100万元。

在如此迅猛的增长面前，越来越多的老百姓买不起房子。2016年底的中央经济工作会议首次提出，"房子是用来住的，不是用来炒的"。于是，从2018年开始，全国各地陆续出台了一些严格的房产政策，比如房产限价、限购、限售等，房产热才慢慢褪去。

但是，许多错过房价疯涨时代的年轻人，依然对于买房子可以一夜暴富持有执念，甚至有很多咨询者来找我做咨询的时候，最关心的一个问题就是：现在要去哪里买房做投资？

其实，房产的价格增长是匹配经济发展阶段的。2008年到2015年，是中国经济迅猛发展的几年，经济越好，房价越会上涨。而从2015年以后，全国各地的房价就呈现出了不同的变化趋势，城市发展潜力大的，房价依然会持续增长，比如深圳、上海、北京这些超一线城市，每平方米4万~5万元是非常正常的，而也有一些小型城市，房价不涨反跌，典型的代表就是黑龙江的鹤岗，现在房价跌到了每平方米1000元。用北上广买一平方米的钱，在鹤岗就可以买到一套房子。

同样的事情在全球各地也早就发生过了，像美国的纽约、洛杉矶，经济发展一直很不错，所以房价也一直都稳中有升。笔者之前在洛杉矶读书的时候，发现一个很神奇的现象，中国人越多的地区，房价上涨的速度越快，可能是因为中国人爱买房子，更爱扎堆买房子，所以，一些中国城的房价明显比周边的价格要略高一些。但是再看美国的另外一个城市底特律，曾爆出以1美元的价格出售一套别墅的事。很多人可能不能理解，1美元为何还要卖，放在手里不就好了？原因有二：一是在美国，你买了房，不管住不住，每年都要缴纳房产税。二是房子需要人打理，别墅的花园如果长期没有人打理，会被邻居投诉，严重的可能还要被罚款。所以，这套房子每年的固定支出可能就有1万~2万美元，这对于普通家庭来说，也是一笔不小的费用。

所以，现在中国房产的走势也会慢慢和发达国家趋同：经济好的地方，房价仍有上涨空间；但是一些地方如果经济滞后，甚至退化，房价可能也会随之下降。

所以，在进行房产投资之前，我们需要学会计算自己的成本和将来的

第五章
冲锋陷阵，以小博大：锦上添花的中高风险资产

预期收益。如果收益无法覆盖成本，就不要投资该房产；如果只是略有盈利，其实投资的意义也不是很大。

很多人认为，房产投资的成本就是购房成本。其实不然。笔者用一个咨询者的真实案例来带着你一起计算一下，房产持有的成本到底有多高。

2017年底的时候，小静用158万元在某城市的郊区全款买了一套面积140平方米的房子。小静本来是想贷款购买的，但是当时已经出台了限贷的政策，小静和他先生名下的两套房都有贷款，已经无法再贷款了。因此，她只能选择全款购买。

小静手头的资金只有40万元，于是向银行和亲戚朋友分别借了100万元和20万元。她算了一下，银行每年的贷款利率是7%，向亲戚朋友借款每年的利率是4%。幸运的是，小静在银行办理的贷款是先息后本，也就是先还利息，3年后还本金。所以，她每年的利息支出就达到了100万×7%+20万×4%=7.8万（元）。而小静的这个房子要在两年后，也就是2019年才能交房。这两年，她支付出去的资金成本就达到了15.6万元。除此之外，小静自己手头的40万元本来也可以去做一些无风险的投资理财，产生一定的收益，而这部分钱成了她买房的沉没成本。按照4%的无风险收益率进行计算，这两年损失的利息有：40万×4%×2=3.2万（元）。同时，在办理房产证的时候，她还需要缴纳1.5%的契税，约为2.8万元。

所以，等小静拿到房子的时候，她的持有成本就已经变成了：

158万+7.8万×2+3.2万+2.8万=179.6万（元）。根据最近的限售政策，她的房产还需要再满3年才可以进行交易，她的资金使用成本又要乘以3倍。粗略地算下来，3年后，她的房子总售价不能低于179.6万+7.8万×3=203万（元），她才算没有白忙活。

我问小静："你觉得3年后，这套房子能够卖到203万元吗？"小静沉默了一会说："你说的这些费用我都想过，但是确实没有仔细算过。这么一算，真的有点超出我的预期了。当时买这套房子的时候，我觉得卖出时价格能到200万元就能赚不少，毕竟我只拿了40万元本金，但是没想到，就算真的卖到200万元，我其实也就相当于不亏而已，还搭上这么多时间精力。"

当然，小静的房子现在还没有卖掉，所以，最后这个房产投资行为是赚还是亏，暂时还无从知晓。但是笔者翻看了小静这套房子所在区域的新房开盘价，也不过只有每平方米1.2万元左右，看起来小静大赚一笔的可能性很低。

当然，你也可能会说，长期持有下去，房价一定会涨的。这又回到了上文说的，房价和经济发展有关，其分化也越来越明显，并不能一概而论了。

那么，现在如果想投资房产，有什么好的方向吗？首先要说明的是，房产市场的"房住不炒"政策依旧会持续下去，对于一些有上涨空间的房产，也依然会是总价高、门槛高，并且大多数人也没有购房资格。而一些单价低、没有太多限制的地方，也会因为缺少经济发展活力和投资潜力而不值得下手。

第五章
冲锋陷阵，以小博大：锦上添花的中高风险资产

所以，问题来了，有没有像基金那样的产品，可以让一群人众筹买一些值得投资的房产，然后共享房产升值红利呢？

当然有，这就是最近几年火起来的 REITs 基金。

REITs 基金

REITs 基金在国外已经有很多年的历史了，但是在国内，一直到 2021 年才开始正式被批准上市进行交易。REITs 的全称是 Real Estate Investment Trusts，意为房地产信托基金，其投资的标的物更多的是一些固定资产和固定项目。

目前，我国的 REITs 数量不多，其主要投资标的物为产业园区、仓储物流、高速公路等基础设施建设项目。这些板块具有投资规模大、资本回收期短、现金流稳定等特征，因此，REITs 往往都是封闭式基金，有一定的封闭期。

那是不是意味着 REITs 基金就无法短期交易呢？其实也不是，REITs 基金分为场内基金和场外基金。场内基金指的是可以在证券交易所进行交易的基金，场外基金指的是在证券交易所外进行交易的基金，在场外购买的 REITs 基金一般封闭期都很长，均不低于 20 年，但是大多数场外的 REITs 基金都会在证券交易市场上市，上市以后，就可以在二级市场进行交易，因此，REITs 基金的价格也会有上下波动。

在讲解 REITs 基金的赚钱方式之前，我们先来梳理一下 REITs 基金的类型。REITs 基金的底层资产可以分为特许经营权和产权，常见的特许经营权 REITs 基金包括了某些高速公路的特许经营权，比如沪杭甬高速

REITs，指的就是这只基金的筹款用于购买沪杭甬高速的特许经营权，在以后的年限里，投资者可以享受到经营这条高速公路所带来的红利，这种类型的经营权往往可以持续十几年，甚至几十年；产权类型的 REITs 基金包含了很多产业园，比如招商蛇口产业园 REITs，这只基金募集的资金用来购买了招商蛇口产业园的产权，因此，这个产业园的租金盈利和地价上涨，都会成为这只基金给到投资者的报酬。

那么，不同的 REITs 基金又是如何帮助投资者赚钱的呢？下面以小孙的案例，来做一个详细的讲解（为方便读者理解，案例中的基金和相关的数字均为笔者的假设）。

小孙是一个对房地产投资非常感兴趣的打工族，他非常看好中国将来的商业地产，特别是像深圳、广州这些核心城市的产业园。但是，因为实力有限，小孙无法直接投资这些产业园。恰好这个时候，某产业园的 REITs 基金开始募集资金，该产业园位于某一线城市的新区，属于该城市将来要大力发展的核心领域，小孙判断该基金将来潜力很大，决定参与申购。

REITs 基金的申购和打新股、可转债略有不同，REITs 基金需要在证券账户开通公募基础设施基金的权限。开通以后，小孙找到了这个基金，开始填写申购申请。为了增加中签的概率，小孙填了 10 万元的认购额，并且把钱存到了证券账户中。几天后，小孙接到了通知，他中了 1 万元的申购额度（对于 REITs 基金来说，一般认购的金额越高，中签的实际额度也会越高），该基金每份

第五章
冲锋陷阵，以小博大：锦上添花的中高风险资产

的申购价是 5 元钱，也就是小孙一共中了 2000 份，剩余的 9 万元钱，在 2~3 天内又回到了小孙的账户中。

情况 1：

到了该 REITs 基金上市当天，价格直接上涨了 30%（上市首日涨幅为 30%，非首日涨幅为 10%），小孙手里的 REITs 基金市值直接达到了 1.3 万元，于是，小孙果断出售，净赚 3000 元。

情况 2：

到了该 REITs 基金上市当天，价格仅上涨了 10%，且在后面的几个月中，该基金的价格均无明显涨幅，于是小孙一直持有该基金。

到了年底，根据证监会的要求，公募 REITs 在符合分配条件的情况下每年至少要分一次红，且分红的资金不少于当年可供分配金额的 90%。小孙持有的这只基金也要进行分红了，每份分红 0.2 元，小孙一共获得了 0.2×2000=400（元）的分红。

到了第二年，该产业园地块周围的物业都建起来了，周边的地价、租金也水涨船高，入驻的企业也越来越多。随之而来的是小孙持有的这只基金价格持续上涨，从一开始的 5 元涨到了 7 元时，小孙果断卖掉，净赚了 4000 元的收益和 400 元的分红，一共是 4400 元。

由小孙的案例我们可以看出，REITs 基金也是通过我们的证券账号进行申购，只不过需要专门开通一下权限。REITs 基金的赚钱方式包括两种：

一种是基金本身的价格上涨所带来的差价，一种是基金分红的钱。

现在我们国内的REITs基金数量还是比较少的，但是对此感兴趣的人却很多，所以形成了典型的僧多粥少的局面。不过，在2022年上半年的时候，相关部门也提出REITs基金可以进行扩募，这样，原来额度已经售罄的一些基金，现在可以增加额度，扩大规模。

但是监管层面也考虑到，REITs基金是一个新兴的理财方式，普通投资者对于其风险性的预估可能不够充分，因此，很大一部分的REITs基金份额其实是开放给线下的机构和更有经验的投资者。

对于普通家庭来说，如果有比较多的空余时间和闲置的资金，可以考虑做一些REITs基金的打新。因为打新需要持续关注和频繁操作，所以如果工作特别忙的话，可能也无暇顾及。从目前的情况看来，REITs基金打新和新股打新一样，大概率都是赚钱的，即使有亏损，如果在上市首日抛掉，一般损失也较为可控。

第五章
冲锋陷阵，以小博大：锦上添花的中高风险资产

屡屡爆雷的信托，还能再买吗

最近几年，信托爆雷的消息屡屡登上新闻头条，笔者周围有好几个朋友，都有几百万元砸在了信托中。在这些爆雷的事件中，即使是一些金融圈内的资深人士也没能逃过一劫。那么，在这样的大背景下，很多咨询者都问笔者：信托还能买吗？

在回答这个问题之前，笔者先解释一下信托的定义。信托的英文是trust，也可以翻译成"信任"，所以，信托的底层其实是信任关系，受人之托，忠人之事。信托的结构和普通的理财产品都不相同，它分为三方（见图5-3）：委托人、受托人和受益人。委托人指的是把财产交付出来的人，受托人一般都是信托公司，受益人指的是最终享受到这些财产的人。

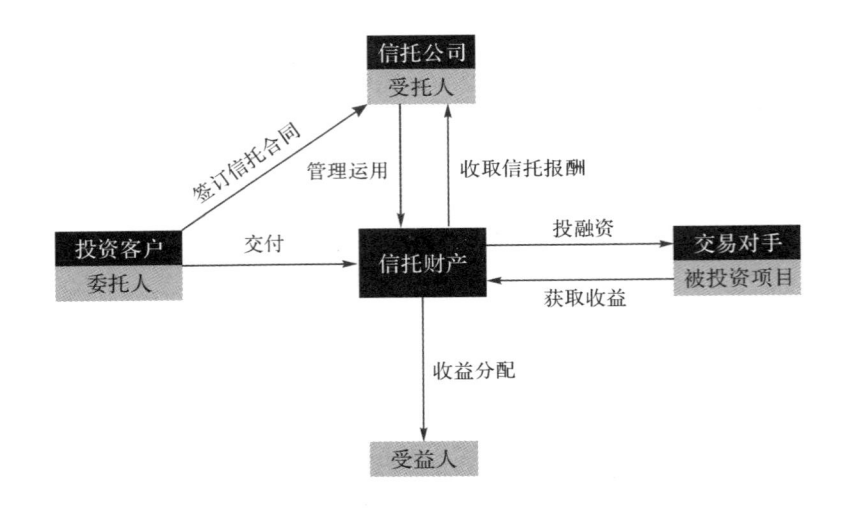

图5-3 信托三方关系

我们日常所接触到的信托类型主要有两种：一种是自益信托，一种是他益信托。

自益信托指的是委托人和受益人均为一个人。大多数的信托理财都是这种类型。这也是大多数人对于信托产品的理解。经常有咨询者来问我，我们同事最近都在买某家公司的信托产品，每年的收益可以达到7%，这个产品能不能买呀？这个问题中所提到的信托产品，一般都是自益信托。一般来说，自益信托类似于理财，投资者把钱交给信托公司进行管理，同时，投资者本人也享受这笔钱的投资收益。所以，自益信托的投资者既是委托人，也是受益人。自己是自己的受益人，就是自益信托的姓名由来。在国内，自益信托的门槛都比较高，少则50万元，多则100万元，乃至500万元。所以，很多工薪家庭自己一家的资金量不够，就会召集一些同事、朋友，

第五章
冲锋陷阵，以小博大：锦上添花的中高风险资产

把资金聚拢到一起，达到资金准入门槛来购买信托理财。在本章开篇时候提到的屡屡爆雷的信托产品，也基本上都是此类信托。

他益信托，顾名思义，指的是受益人是委托人以外的人的信托类型。这种信托一般不是单纯的理财产品，而是一种金融工具。打个比方，这种信托就像是一个信封，委托人也就是财产持有者可以把自己需要打理的资产都装到信封中，然后把这个信封转给信托公司，信托公司就成了这个信封的持有者。信托公司负责对这些资产进行管理，而后再根据委托人的要求，进行财产的分配。在这个过程中，装到这个信封中的财产其实也是进行了所有权的变更。比如：如果是把保单装到这个信封里，那么该保单的投保人就会由之前的委托人变成了信托公司；如果是把股票装进这个信封，那么该股票的所有权人也是信托公司。也正是因为资产所有权的变更，才使得这样的信托拥有了资产隔离的属性，因为这些资产本来就已经不属于委托人了，所以无法用这些财产来偿还委托人的债务之类。但是，如果这个信托设立的时候，就有恶意躲避债务的嫌疑，那么，法院也有可能会判决该信托无效，要求撤销该信托。

这种信托使用比较多的是家族信托。在这里，信托公司是一个资产的管理者和分配者，其管理信托资产的方式以及具体的分配细节，都需要听从委托人的要求，不能擅自做出决定。

以香港明星李嘉欣为例，虽然她的公公有非常丰厚的资产，但是他在生前已经设立好了家族信托，每个月由信托公司给儿子一家 200 万元的生活费。这样的安排既可以照顾好子子孙孙的日常生活，避免下一代挥霍无度，把钱都花光，也可以激励受益人自己奋斗，追求想要的生活。这样的

金融功能，是其他任何金融产品和工具都没有的，这也是家族信托受到富人青睐的主要原因。

当然，家族信托设立的结构比较复杂，同时其管理费用也非常高昂，对于普通家庭来说比较遥远。笔者在这里就不做过于详细的解释。我们主要来讨论大多数人都比较熟悉的自益信托现在是否还可以购买。

其实，购买信托产品，最重要的是看这个信托产品的底层资产是什么，以及这个底层资产是不是安全。如果底层资产保值率高、变现力强，那么这个信托产品的安全性一般都比较好，但是如果这个资产看起来就有一些风险，则将来爆雷的风险和概率都会比较大。那么，去哪里看信托产品的底层资产呢？每一个信托产品都会有一个产品说明书，在这个产品说明书中，会详细地介绍这个信托产品资金募集起来以后用到什么地方；同时，也会说明这个信托产品的底层资产是什么。如果看不懂的话，也可以问一下理财经理。之前爆雷的很多信托产品底层资产都是房地产，当然，也有一些信托产品的底层资产是权益类资产或者债权类资产。不同的底层资产，匹配的是不同的收益率和产品的风险系数，一定不能光听推荐，而不考量这个信托产品是否真的和我们的风险承受能力相符合。

除了底层资产之外，为了降低踩雷的风险，我们可以选择一些实力雄厚，最好有国资背景的信托公司；同时，也要查一下这家公司在历史上是否有爆雷的记录。如果一家信托公司屡屡爆雷，那说明这家公司的风控和管理都做得很不到位，将来出现风险的概率也比较大。当然，我们并不能简单地认为，国字头的信托公司就是可以刚性兑付的。不管购买的是哪一家的信托产品，都可能会出现一些风险导致本金无法拿回。信托公司并不

第五章
冲锋陷阵，以小博大：锦上添花的中高风险资产

是一定要承担返还本金的责任和义务。

在决定购买以后，如果我们的自有资金达不到信托产品的门槛，和别人合买是不是一个好的选择呢？笔者认为，和别人合买的风险远远大于信托产品给你带来的收益。

信托产品的收益虽然比普通的理财高一点，但是也仅仅是高 3%~4%。我们以 10 万元为例，如果购买 R2 等级的理财，大概一年可以有 3% 的收益，一年的利息就是 3000 元，但是如果选一个相对来说比较安全稳定的信托产品，收益大概是 7%，一年的利息是 7000 元，虽然差了 4000 元，但是所承担的风险却差别很大。因为信托产品一旦出现问题，极有可能连本金都无法拿回。

同时，如果你是和别人一起凑钱买的，还要承担一定的心理压力。笔者之前就遇到过一个因合买的信托产品爆雷一家人反目成仇的案例。妹妹是组织者，找到了一个当时看起来很不错的信托产品，底层资产是某大型房地产的开发项目，哥哥和姐姐看到后也很心动，每家分别凑了 40 万元买了这个信托产品。没想到，后来几年，很多房地产开发项目都出现了资金链断裂的问题，他们买的信托产品也出现了延期兑付。半年后，一家人终于爆发了矛盾，哥哥和姐姐认为自己被骗了，要求妹妹一家承担责任。妹妹自己亏了钱不说，还落下了一个"骗子"的名声，越想越气，于是来找我哭诉了很久。

类似的矛盾纠纷在信托产品遭遇爆雷的时候时常发生。赚钱的时候，大家都很开心，但是一旦开始亏钱，甚至拿不回本金的时候，就会变得针锋相对。因为这笔钱影响了家庭成员之间的关系，真的是有点得不偿失。

最后，笔者建议，如果你拥有充足的资金，并且这笔钱即便拿不回来也不会影响你的日常生活和其他的资金使用，那么你可以投一部分在信托理财中，但是，如果你需要和别人拼凑，甚至贷款才能达到购买的门槛，则不建议你去做这样的投资。信托延期或者无法兑付导致家庭走向财务破产的案例，也屡见不鲜。还是那句话：投资有风险，一定要选择在自己风险承受范围内的投资方式。

第六章

你的家庭如何灵活配置资产

看完了以上那么多有关理财的干货和知识点以后，你可能还是会困惑：我的家庭应该如何去组合搭配不同的理财产品？资产配置的比例又该如何设定呢？

　　在这一章中，笔者会以家庭净资产情况来进行分类。在每个类别中，采用不同的实际案例进行详细的拆分讲解，手把手带你制订适合自己家庭的资产配置方案。

慢慢富有
给普通人的稳健理财课

月光族或负债家庭如何开始理财第一步

有很多年轻人来找笔者做咨询的时候，都有一个共同的问题——攒不下来钱。虽然自己也知道，月光是一件透支未来的事情，但是，他们每个月基本上都属于资不抵债的状态，别说存钱了，就连每个月的信用卡账单可能都无法足额偿还。

小白来找我的时候，家庭的整个资产状况已陷入了巨大的危机，每个月手头的现金亏空多达4万元。

我先大概了解了一下她的家庭资产结构。虽然每个月背负4万元的债务，但小白却是一个小"房姐"，家庭成员名下有3套房子：一套是自己婚前购买的，一套是她的先生婚前购买的，一套是两人婚后一起购买的。其中自己和先生婚前各自购买的两套房子，每个月分别有4000多元的贷款，加起来就是9000元。另外一套婚后的房子是他们全款买的，总价格是200万元。因为手头现金不多，所以，他们采用的是经营贷的方式（采用经营贷款的方式买房子在现在是不合规的，不建议使用），贷款了180万元，

第六章
你的家庭如何灵活配置资产

这180万元的利息是5%左右,分5年还清,每个月需要偿还的贷款本息和约为4万元。他们没有能力偿还这么多的贷款,就只能又开通了个人信用贷。好在小白的先生工作还比较稳定,所以,银行给他们做了30万元左右的授信。于是,这几年,他们就是贷了这家银行的钱,去还另外一家银行的钱,不停地拆东墙补西墙,心力交瘁,现在不知道该怎么办了。

小白和先生每个月的工资加起来有2万多元,先生的公积金比较高,基本上可以覆盖自己那套房子的贷款,所以,他们两个人每个月的工资扣除掉小白房子的房贷,剩余的也就只够一家三口人的日常生活了,另外一套房子每月4万元的贷款,成了这家人沉重的负担。

听小白梳理完自己的家庭经济状况,相信你和我一样,都很纳闷,本来好好的家庭财务状况,为什么要进行高负债,在婚后再去全款买一套房呢?

同样的问题,我也问了小白。小白说,这确实是一个错误的决定。买那套房子的时候是2016年,当时他们手头正好有20多万元的存款。她总觉得这笔钱存着也没有办法跑赢通货膨胀,不如投资热门的房地产。因为她和先生名下已经各有一套房,于是通过摇号摇到了一套200多万元的房子。

听完小白的解释,我就明白了,这是一个普通家庭希望通过炒房实现资产迅速增值的普遍操作。在前文中笔者也提到过,2008年的时候,确实有很多普通家庭通过层层加杠杆，层层贷款，囤了很多套房子，后来靠着这些房子实现了财富自由。这个狂热虽然在 2015 年左右就已经过去了，但是余热一直持续到了 2016 年和 2017 年。很多普通的家庭还沉浸在靠炒房实现财富自由的幻想当中。甚至还有很多家庭像小白这样，不惜大力举债去博一把，却不知道，这一博，只会让本不富裕的家庭雪上加霜。

我接着问小白：家里除了这么多套房子以外，还有别的资产配置吗，比如保险、基金、股票之类的？

小白摇摇头，说："我和我先生的信用卡每个月都要被套出来还钱，哪里还有多余的钱去买保险和基金之类的。"

像小白这样负债率这么高的家庭可能不多，但是，房产在家庭总资产中占比超 80% 甚至 90% 的工薪家庭却很常见。这个资产占比的计算方式是这样的：假如你的房产价值 500 万元，车子的价值 30 万元，存款 20 万元，股票基金等其他资产 10 万元，那么，你房产占比就是：500 万÷（500 万 +30 万 +20 万 +10 万）=89%。你可以算一算自己的家庭总资产中，房产的占比是多少。

这样一个高负债家庭，又没有做任何的分散投资，整个经济结构是非常脆弱的。当然，你可以说，小白卖掉一套房子就好啦，房子多，随时都可以变现。但是他们的新房子刚交房没到 2 年，还没有过限售期。她和她先生的两套房子，一套自己在住，先生的那套在出租，尽管已经把先生的那套挂在网上一年，但也没有出售成功。

很多房产的持有人都觉得自己有房子，遇到事情卖一套房子，问题就都解决了。但事实是，房产的变现能力很差，特别是一些地段不是很好的房子，变现能力更差。在急需用钱的时候，只能大幅降价出售，这可能会导致连房子的本金和资金使用成本都收不回来（具体计算方式参考上一章关于房产持有成本的计算）。

所以，小白目前的家庭资产结构配置是严重失衡的。目前，他们家庭中大的财务风险点有哪些呢？

第一，负债过高，资产变现能力太差。

小白是挺幸运的，因为她和老公的收入和身体状况都还不错，虽然每个月都是靠着借新债还旧债，但是只要两个人还在持续工作，就还能周转下去。

但是假如两个人中突然有人失业，或者受到不可抗力的影响，比如2022年4月份，上海陷入了短暂性的停摆，又比如，有人得了重大疾病甚至身故，导致收入受到影响，那么他们只有紧急折价卖房子，如果房子卖不出去，就可能面临负债越来越多的困境。

小白还有个孩子，孩子才5岁，将来的教育等费用，都是他们比较大的负担，假如两个人中有一个人倒下了，孩子的教育费用也会成为一个无法填补的窟窿。

第二，资产配置单一，抗风险能力差。

小白的家庭资产都投资在了房地产上面，所以，房产政策对于整个家庭的经济状况影响特别大。其实小白在2016年购买这套房产的时候，还未出台限售政策，小白以为拿到房子后转手一卖，就可以赚到钱。但是在这期间，当地却出台了限售政策，规定房产证办理后3年，才能进行买卖，再加上还要2年交房，这个房子整个被锁住了5年。

所以，当我们资产配置很单一的时候，就很容易遇到这样的问题。一旦出现系统性的风险，整个家庭的财务状况就会变得很糟糕。

针对上述问题，我给了小白几个调整家庭资产结构的建议。

第一，每个月强制储蓄2000元，每年存下24000元，用来给自己、先生和孩子配置最基础的保险保障，包括基础的重疾险、医疗险、意外险和寿险。

第二，把先生的那套房子降价销售。先生的那套房子不管是从地段还是户型上来看，都不具有很强的升值潜力，不如早点卖掉，把手中的贷款早日还清，减轻家里的财务负担。因为先生这个房子买得还算比较早，而且贷款利率也比较低，因此降价出售也不会有损失。

第三，房子出手后，首先把手头的贷款还清，而后开始做基金定投。靠房产赚钱的时代过去了，以后想要赚取较高的收益，主要还是靠权益类资产。

大多数的普通家庭都会面临像小白一样的困境，上有老，下有小，身上还背着房贷、车贷，无力逃脱，同时又被各种消费主义裹挟。在这里，笔者给这样的家庭以下投资建议。

首先，一定不要做超出能力的消费决定。 以小白为例，如果她不买第三套房子，她也不一定需要卖掉一套房子，也不会过上几年钱倒来倒去、夜不能寐的日子。靠着借银行贷款撬杠杆的时代已经过去了，我们一定要理性消费，对于需要大额负债的消费要更加谨慎地对待。

笔者之前遇到过很多女孩子，因为要面子或者攀比之心，攒下几个月的工资去买一个几万元钱的包包，这样的消费就属于超出了消费能力。年

第六章
你的家庭如何灵活配置资产

轻的时候，我们应该把更多的钱放在自我学习和提升上。等到一个包包或者一块喜欢的手表，仅仅用你一个月工资就可以来覆盖了，一切都会变得顺理成章。

其次，一定要先存钱，再花钱。大多数来找笔者做咨询的年轻人，都是先花钱，看看剩下来多少，再决定存多少。一般用这样理念来指导存钱的人，都是存不下钱的，或者，哪怕存了一阵，遇到一个喜欢的、贵的东西，也马上花光了。

当大多数人都采用的是"收入 - 支出 = 存款"这个公式的时候，笔者却要让你使用"收入 - 存款 = 支出"这个公式。虽然只是前后换了个位置，但是结果却截然不同。

笔者之前遇到一个咨询者，刚刚工作了两年，但是已经有接近 10 万元的存款了，我很惊讶，就问她是怎么做到的。她说，自己只不过是每个月发了工资以后，先转 4000 元钱到另外一张卡里，那张卡是不绑定手机上的任何支付工具的，只能存，而不能随便支取，久而久之，10 万元钱就这么存下来了，她也没太大感觉，因为存完以后，还有几千元钱，她零花使用倒也够了。

当然，每个人的情况不一样，决定了每个人或者每个家庭每个月强制性存下来的钱也不太一样。一般来说，我会建议每个月至少要先强制存下工资的 10%，剩下的 90% 再拿去花，久而久之，不仅可以存下一笔钱，还会发现自己的生活质量并没有因为存下了这 10% 而有什么影响。

所以，如果你也是月光族，那就从这个月开始，每个月强制存下你工资的 10%。

最后，不要用这笔强制存下的资金投资高风险的板块，比如比特币、期货，甚至股市等。原因有两个：一是我们本来存下来的本金就不多，比如一年存个几万元，甚至有的刚毕业的读者朋友，可能一年只能存下几千元。二是这笔钱我们需要优先配置一些基础的保障，比如重疾险、医疗险、意外险和养老金。

一定要在年轻的时候，把自己的保障慢慢搭建起来。这是因为随着我们年龄的增长，保险类产品的保费也在变化。以重疾险为例，同样的一个产品，40 岁的人买可能要比 30 岁的人贵 30%~40%，而且，如果等到 40 岁投保，意味着这中间还需要自己承担疾病风险、意外风险等。提前做好保险配置，既可以早点把风险转嫁掉，又可以节省不少成本。

另外，因为我们的身体状况也会随着年龄不断发生变化，可能会影响后续购买保障类型的产品。20 多岁往往是最健康的时候，但是人到了 30 岁后，体检报告的异常项目就会越来越多，比如超重、尿酸高、各种结节之类问题，都会影响保险的购买，轻则除外、加费，重则拒保。所以需要在身体好的时候，早点配置。

如果在配置完保障类型的产品以后，手头存下来的钱还有一些结余，则可以考虑去做一些较为保守的投资，比如基金定投之类，虽然可能每年的钱不多，但是日积月累，总会存下一笔可观的储蓄。

至于比特币、期货这类产品，不建议处于"月光"或负债阶段的你去碰。在这个阶段，我们要做的是培养自己的储蓄习惯，并开始为后续的资产配置做计划。

第六章
你的家庭如何灵活配置资产

工薪家庭如何尽快实现财富目标

如果你的家庭已经有了一些存款，并且也有比较好的储蓄习惯，那么先恭喜你晋级到第二个理财阶段：如何实现自己的财富目标。

在从业过程中，笔者经常遇到手里有一些存款，但不知道如何规划、如何提升自己生活质量的咨询者。他们每天的生活就像上紧的发条一样，一睁眼就是工作，空余时间就是陪伴孩子，与家人一起出门旅行都是一件很奢侈的事情。日复一日，年复一年，他们对生活越来越没有期待，慢慢陷入了中产阶级陷阱。

这样的家庭需要做的首先是明确自己将来的财富目标，再针对目标做计划。我们常说，生活一定要有所爱，有所期待。这个所爱和所期待，指的就是我们的财富目标以及如何把实现这个目标和我们的生活相融合。

笔者通过一个咨询者的案例来给大家展示一下"家有余粮"的家庭如何实现自己的财富目标。

小韩是一家公司的工程师，今年39岁，年收入50万元。他的太太是一家公司的会计，今年35岁，年收入10万元。他们有一个4岁的女儿,刚上幼儿园。因为很早就购置了房子和车子,房贷也在前几年用积蓄都还清了,因此,他们家几乎没有什么负债,每年都会结余二十几万元。因为没有太多的时间去管理钱,除了配置保障类的产品,剩余的钱就一直放在银行存定期,存到现在也有100万元左右。

后来听闻周围的亲戚朋友都在做理财,他们也动了心思。但是因为对这方面完全不懂,迟迟不敢下手,于是找到我,希望我能帮他们做规划。

上文提到,对于这样的家庭,我们首先要确认的是财富目标。

于是,我问他们:"你们有想过,将来自己的生活规划吗?"

小韩夫妇愣了一下,说:"还没有,能踏踏实实地帮孩子完成学业,送她开开心心地出嫁,然后我们可以放心地退休就好。"

这应该是每个家长最朴素也最真实的需求了。但是就这简单的几句话,其实也说明了他们的财富目标有以下两点:

1. 孩子的学业需求和婚嫁需求;

2. 自己的养老需求。

于是针对这几个需求,我又问:"孩子将来有没有出国念书的计划?"夫妻俩表示:这个主要还是看孩子,如果孩子愿意在国内读书,并且也可以考一个不错的大学,那他们还是愿意孩子留在身边的,但是如果孩子不愿意,或者考试失利,那出国读书他们应该也可以负担得起。

我接着问了他们目前缴纳的社保缴费基数。小韩的太太回答说:"我是 5000 元,小韩是 15000 元,他的缴费基数比我多很多。但是我看到我们单位很多老年人退休,拿的工资真的不多,哪怕是社保缴费缴得比较高的,好像也并没有拿到很多钱。我也有点担心我退休以后,一个月也就只有 3000 元钱,真的不够花。"

"是的,国家养老金所给的钱真的不多。所以,在这一点上,我们也需要提前计划起来。"我和小韩夫妇解释道。

当然,这个中间我们也沟通了很多细节问题,在这里就不一一赘述了,直接和大家来分享我们的解决方案。

孩子的教育费用和婚嫁费用:采用保险储蓄险+基金定投的方式。

小韩今年已经 39 岁了,孩子还只有 4 岁。从小韩的年龄和职业性质上来分析,他作为一个程序员,职业薪水一般会在 45 岁左右开始慢慢往下降,还面临将来可能会被裁员的风险。所以,我们需要在这 5 年的时间内,尽可能地把孩子的教育费用提前储备好。这样,哪怕将来职业出现了一些变化,也可以坦然面对。

孩子将来是否出国并不确定,但读大学和结婚这两件事是确定的,所以,我们通过保险储蓄险的方式来给孩子存上一笔专款专用的钱。考虑到孩子大学 4 年和 2 年研究生预计最少需要准备 60 万元左右(计算方式包含了教育费用的通胀),预计将来结婚的时候,最少要准备 100 万元左右的嫁妆。这两笔钱都是最基础和刚需的费用。我们倒推回来,这 5 年中,我们最少需要存一个总计 75 万元(15 万元×5 年)的储蓄险(选择的产品不同,存储的金额也会略有不同）。也就是说，他们从现在起每年存下15万元，连着存5年，孩子的基础教育和婚嫁金的保障就都可以满足了。

如果孩子将来出国，我们还需要单独再准备一笔钱作为备用。这笔钱可以采用基金定投的方式投入，建议每年投入6万元左右，每个月就是5000元，每周就是1250元。因为小韩夫妻对基金完全不懂，我建议他们直接选择偏债的基金，安全稳妥，也不会有太大的波动，可以比较容易长期持有。在收入还不错的时候，每年可以保持6万元的定投，后续如果收入有波动，或者达不到预期，则定投金额可以适当降低，减轻家庭的负担。

基本上，如果坚持定投10年左右，预计到孩子18岁的时候，也会储备到80万~100万元左右的资金，作为给孩子准备出国的费用。当然，也有一种可能，就是在孩子要出国的那两年，股票市场和债券市场都不是很景气，那个时候如果卖掉的话，可能收益会有影响。那么，在这种情况下，我们可以优先使用上面储备的保险储蓄险，因为储蓄险的收益都是确定的。等市场好起来的时候，再做变现。也就是说，储蓄险和基金投资互相搭配，可以起到不管金融市场如何变化，都进可攻、退可守的效果。

小韩夫妻的养老费用：补充商业养老金＋退休时购买REITs基金。

小韩夫妻都是只有三十几岁，他们都预计在60岁左右退休。根据他们现在的养老金缴费基数来计算，小韩退休的时候预计可

第六章
你的家庭如何灵活配置资产

以拿到 8000 元左右，小韩的太太可以拿到 5000 元左右（确切的退休金需要采用他们退休时候的实际政策来进行计算）。我们采用净现值折算回来的话，这笔钱在现在的购买力大概约等于 5000 元和 3000 元（净现值计算公式比较复杂，且牵扯变量较多，不做具体阐述）。

在沟通过程中，夫妻俩表示：退休后，希望两个人的退休工资购买力可以达到现在的 8000 元左右。针对这个目标，两个人都需要储备一定的商业养老金。

同时，为了进一步提高退休的生活质量和保证退休后的资产足够安全，可以在退休的时候，买入一定金额的 REITs 基金，每年享受项目分红，做一定的养老补充。购买 REITs 基金的金额可以根据退休时的可投资金额来决定。

小韩夫妇听完我大概的规划方案后，很兴奋，说：这样的话，我们就把孩子和我们自己将来养老的钱都准备好了，剩下的钱，我们是不是就可以放心地花了？

我说：当然不是，每个家庭都需要储备一些备用金，以备不时之需。针对你们家庭，可以通过购买货币基金的方式，做一些短期备用金的储蓄。这个短期备用金的储蓄大概是你们 6 个月的家庭支出；还可以通过购买定期存款或者国债的方式来进行 3 年或者 5 年的备用金储备。国债和定期存款的灵活性较好。这笔储备可以用于家里突然有人生病，或者急需用钱的情况。

小韩夫妇连连点头，说：这样一规划就清晰多了，我们知道应该用什么样的工具来解决什么样的问题了。

小韩夫妇的这个案例并不是个例。中国人一直都有储蓄和存钱的习惯，但是有时候也仅仅局限在存钱和储蓄，会忘记自己为什么要存这笔钱，这笔钱将来的作用是什么，以及如何让自己在赚钱最多的时候，轻轻松松地实现自己的财富规划目标。

笔者也遇到过不幸的案例，一些老人辛辛苦苦省吃俭用一辈子攒下来的钱，都被子女榨干，自己只落得一个街头乞讨的结果。子女在这种拿来主义的影响下，往往也很难独立成人。所以，对于我们来说，规划好自己的储蓄，既是对自己未来的生活负责，也是对孩子负责。

综上，如果你的家庭有余粮，同时也是稳定拿工资的上班族，那么我们在对自己储蓄进行规划的时候，有以下几个步骤。

第一步，列清楚自己的财富目标。

简单来说，你可以先把将来需要用钱才能解决的问题列下来，比如要换一套大房子、保证什么样的子女教育质量，或者要有什么样的老年生活；并且量化这些需求，比如：我要准备多少钱供孩子教育？想换一套房子的话，现在还有多大的资金缺口？自己退休的时候，手里有多少钱心里才踏实？

目标量化以后，才方便我们去进行现在财富的分配。就像小韩夫妇一样，确定了孩子将来大概需要多少学费，我们才好计算现在的投入。

第二步，根据不同的财富目标，选择合适的理财工具，并且分配合适的投资比例。

这一点可能对于很多普通的投资者来说会有点难，但是如果你认真读完了前面的章节，相信就可以很好地解决这个问题。

如果你的需求是刚性的，且需要的金额没有弹性，比如孩子教育，将来一定会用到这么多钱，那就采用保本保收益的理财工具。如果这中间的时间跨度超过了5年，建议使用保险产品，如果不超过5年，则可以使用定期存款、国债、结构性存款等工具解决。

如果是有弹性的需求，比如换房子，可以根据手头上的可用资金来确定到底买多大的面积，如果使用的时间不是很确定，则可以采用基金等收益较高、风险也比较大的工具来进行投资。当然，在之前的章节中，笔者也提到：并不是所有的基金风险都很大，对于那些风险厌恶型的客户来说，可以选择全债类的基金，损失本金的风险会比偏股类型的基金要小很多。

对于一些没有特定使用目的的额外的钱，则可以选择进行更高风险的投资，比如股票、期货等。当然，在进行该项目投资的时候，要做好心理准备，假如这笔钱都亏光了，也不会影响家庭里主要财富目标的实现。

在投资比例的选择上，主要看两个因素。

第一是你个人的风险偏好。每个人的风险偏好都是不一致的，有些人天生就愿意冒险和承担风险，那么，在做好基础打底的资产配置后，多余的钱可以更多地投入一些中高风险的投资项目。但是，如果你对于损失本金这个事情是零容忍，那么，多余的这部分钱，还是建议更多地投入到一些保本的工具中。

第二是你的财富目标。假如在你的家庭中，孩子将来的教育费用是主要的财富规划目标，那么，这就注定了你需要放更多的钱在教育金的产品当中。虽然基金等也可以作为教育金的补充，但是教育金本身的属性要求这笔钱在指定的时候可以足额拿出来，不能打任何的折扣。比如，现在孩子4岁，我们计划孩子18岁的时候，一定要出国读大学，到时候每年的学费+生活费是50万元，那么我们现在做的计划，就是确保在孩子18岁的时候，一定可以每年拿到50万元。如果在这个费用上打折的话，孩子将来的教育很可能无法按照我们的计划进行。

笔者之前认识的一个朋友就是这样。父母把她出国念书的钱存在了股市当中，后来等她出国那年，恰好遇到了股市大跌，这笔钱大幅缩水。后来为了节约成本，她只能选择了费用较低的新西兰，而不是之前计划好的美国。这件事也给她的内心带来了很多触动，确定要用的钱，一定要提前用对的工具，规划好，而不是拿出去博。

第三步，制订好投资计划，并且坚决执行。

很多人在制订完投资计划后，就把它放到了一边，依旧用简单粗暴的方式管理家里的储蓄。人们常说，最远的路，是从"知道"到"做到"。家庭理财也是如此。

以小韩先生一家为例，当我们讨论完资产规划的结构以后，笔者立刻手把手带着他去挑选了适合他们风险偏好的一些理财产品，比如基金、国债之类，并且叮嘱他要长期持有，每隔半年左右，确认一下是否需要进行调仓。

在知晓了应该做什么的情况下，坚持做到，就会发现自己的财务状况越来越好，财富目标的达成也越来越容易。

高收入家庭如何进行资产避险

一般来说，高收入家庭中可能有成员是企业的创始人或高管，或从事明星等高收入职业，这一类家庭往往有以下一些特点。

第一，现金流充足，收入高。上述人群往往能获得超额回报，年收入远远超过普通打工族。

第二，负债率高。一些制造业的企业主因为企业周转需要，在银行里也有惊人的债务，尽管企业每个月经营流水特别高，但是这些收入可能也就只够支付员工工资和银行利息。所以，他们的财务状况往往很脆弱。

第三，经营风险高。在著名的《华为的冬天》一文中，任正非写道："十年来我天天思考的全都是失败，对成功视而不见，也没有什么荣誉感、自豪感，而是危机感。也许是这样才存活了十年。我们大家要一起来想，怎样才能活下去，也许才能存活得久一些。"不管是经营什么类型或者什么赛道的公司，所有的企业主和企业高管都需要承担潜在的经营风险，特别是一些不可预见的黑天鹅事件。以新冠肺炎疫情为例，大量的企业在疫情之下，没有及时转型，都消亡了。企业的高管们也失去了工作。而疫情仅仅是诸多黑天鹅事件中的一个。

第四，资产结构复杂。此类家庭的资产会涵盖很多不同的类型，比如股权、黄金、不动产、各种收藏品以及不同类型的权益类产品等。资产结构复杂，带来的直接问题就是归属和传承问题。如果家庭结构再复杂一些，比如再婚家庭、子女比较多的情况，那么在处理传承问题的时候，会更加复杂。

由此可以看出，企业家们虽然可以通过企业的经营获得超额的收入回报，但也要承担非常大的经营风险。这种风险，可能会让家庭一夜之间从天上掉落到地上。这也是本节的主旨所在：帮助高收入家庭进行资金避险。

当然，资产避险是一件很复杂的事情，在下文中，笔者会用几个例子，来说明高收入家庭进行资产规划的必要性，以及在规划过程中常用的规划工具。具体的规划方案，需要咨询专业人士，并且支付高昂的咨询费以后，才能制订出来。

小马奔腾公司的全称是北京小马奔腾文化传媒股份有限公司。这家公司出品了很多有名的电影，包括《将爱情进行到底》《建国伟业》《我是特种兵》等。

2014年，小马奔腾正处于鼎盛期，而47岁的创始人李明却突然因心梗去世。从那以后，小马奔腾就陷入了无休止的资产纠纷之中。

李明的姐姐和妹妹——李萍和李莉持有小马奔腾的大量股份，在李明去世以后，姐妹俩无疑成了小马奔腾最大的股东。而李明的太太金燕不持有公司的任何股份。李明刚刚去世的时候，金燕

第六章
你的家庭如何灵活配置资产

接手了公司的业务，但在10个月以后，李萍和李莉却站出来，提出由李莉担任董事长和法定代表人，金燕只能选择退出。这场股权之争的核心点在于：李莉和李萍所持有的股份，到底是不是属于代持？因为李明去世突然，之前的各种股权问题，都是兄妹三人私下商量决定的，并没有相关的材料证明这个股权是属于代持的。因此，金燕在这场股权大战中，失败退场。

中国的企业家们很多会选择股权代持，因为在他们眼中，股权代持可以很好地保持自己资产的隐匿性，同时也可以规避很多不必要的税务和法律纠纷。但是，股权代持的风险也是显而易见的，特别是一家人的股权代持，签署股权代持协议显得生分，不签署的话，一旦发生了极端风险，辛苦几十年的血汗钱可能也会付诸东流。

股权之争只是让金燕离开了公司，但她还是可以拿到李明一半的股份，如果公司持续经营得还比较好的话，她们一家人倒也可以衣食无忧。但是，让她万万没想到的惊天巨雷，还在后面。

2017年9月份，也就是李明突然去世后的第三年，金燕收到北京市第一中级人民法院的一审判决书：金燕被判向建银文化承担2亿元的债务。建银文化是之前小马奔腾的投资方，当年在签署投资协议的时候，曾经和李明、李莉和李萍签署过一个补充条款规定：如果小马奔腾没有在2013年12月31日前完成上市，建银文化有权要求3人中的任何一方一次性收购所持小马奔腾公司的股权及利息。这就是所谓的对赌协议，拿了钱，就要完成这个任务，如果没有完成，那么，就要把投资款连本带利地吐出来。在李明突然去世后，上市这个任务显然没有完成，因此，他赌输了，投资款偿还的任务自然落到了他的妻子金燕身上。

　　金燕一直表示，她对于这个对赌协议毫不知情，但是，一审法院依旧判决金燕需要承担这 2 亿元的债务，金燕很不服气，提起了上诉，上诉结果维持原判，后又申请要求最高法进行再审，但是在 2021 年 7 月，最高法驳回了这份申请。

　　金燕并没有给这份对赌协议签名，甚至对此毫不知情，为什么她要承担这笔债务呢？

　　不管是一审还是二审，其实争议的焦点都是：这笔债务是否属于夫妻共同债务。金燕一直主张，这笔债务是丈夫李明的个人行为，她并不知情，因此不属于共同债务。但是法院认为，金燕一直都有参与公司的正常经营，并且也担任过一些附属公司的行政职务，因此，有理由认定她对这个对赌协议是知情的。也正是因为金燕一直参与公司的经营，这笔债务按照婚姻法和婚姻法的相关司法解释规定，都是属于夫妻共同债务。因此，金燕需要承担这笔巨额债务。

　　这个案例也体现了我国企业家在经营过程中经常会出现的一个大问题：家企混同。所谓的家企混同，指的是家庭资产和企业经营混合在了一起，一旦企业出了问题，需要使用家庭资产进行偿还。当然，很多企业家也清楚地知道，不能够把家庭和企业混同，但是，在实际的经营，特别是融资过程中，面对资方的要求，他们也只能无奈妥协。

第六章
你的家庭如何灵活配置资产

在这个案例中，因为李家三兄妹以个人名义和资方签署了这个补充协议，就直接把公司的债务传递到了家庭资产中。而在这个过程中，虽然金燕并没有直接参与，但是因为她和李明是夫妻，自然也会出现债务方面的传递。

于是，李莉、李萍以及金燕名下所有的资产都已经被冻结，即使这样，距离还清这笔债务依旧是遥遥无期。金燕现在带着孩子和老人租房子生活，一家人的生活就这样从天上掉到了地下甚至再无翻身之力。

如果说李明的这个案例，是企业在经营中遇到极端风险的一个小概率事件。那么，下面关于梅艳芳的案例，就是每一个高收入家庭中一定会遇到，并且需要提前解决好的问题：如何有效地进行资产传承。

相信在读这本书的你，一定对梅艳芳这个传奇女子很熟悉。但是，你可能不知道，这个女子，一辈子都在被她最亲近的家人蚕食。

1999年，梅艳芳被查出来患有癌症，2003年底香消玉殒。她的妈妈和哥哥在她生前把她当成自动取款机。甚至，她妈妈豪赌成性，经常欠下巨额债务，都要由梅艳芳来进行偿还。最过分的是，在梅艳芳的葬礼上，梅妈不仅没有难过，反而迫不及待地想要继承梅艳芳几亿元的资产。

殊不知，梅艳芳在离世之前，就对自己的资产进行了规划：将自己两处物业赠予好友刘培基，预留了140万元给哥哥孩子作为教育经费。剩余遗产委托汇丰国际信托有限公司管理，每月支付给母亲覃美金约 5 万多元作为生活费直至母亲去世。待母亲去世后，所有资产会扣除开支捐给妙境佛学会。

梅妈和梅艳芳的哥哥知道后，大发雷霆，并于 2004 年初，开始了诉讼大战，要求继承梅艳芳的亿万家产。他们质疑梅艳芳在订立遗嘱时已经神志不清，要求法院判处遗嘱无效。但是，梅艳芳的遗嘱执行人、主治医师和遗产受益人均表示该份遗嘱是梅艳芳在神志清醒情况下独立做出的，她之所以不把钱交给母亲打理，也是因为母亲挥霍无度，如果很快把遗产花光，后面将无所依靠了。

但是梅妈并不能理解女儿的良苦用心，这场诉讼大战一共打了 7 年，最后依然是以梅妈败诉收场。

梅艳芳的这个案例是一个成功的资产传承案例。

梅艳芳已经去世 20 年了，在几年的诉讼大战中，梅妈也把自己每个月的生活费从之前的 5 万多元提到了现在的 20 万元。假如梅艳芳在生前没有做好财产安排，那么不管她有多少钱留给母亲，梅妈可能很快就把这些钱败光，她的老年生活可能会越来越穷。

生前的遗产安排方案对于很多高收入家庭来说是具有参考价值的。因为资金量太大，如果一次性传承给某个人或者某几个人，可能会被很快地败光。而通过有效地传承，打破"富不过三代"的魔咒，让自己的家族也可以像欧洲那些贵族一样，世世代代地传承下去，也是这种高收入家庭的刚需。

第六章
你的家庭如何灵活配置资产

看完上述的两个案例后，我们可以得到以下两个结论：

第一，高收入家庭的抗风险能力其实很弱。

第二，一定要提前做好规划和安排。

那么，高收入家庭如何进行资产规划呢？

首先，一定要接受一个观点：不管你想不想、接不接受，风险都是客观存在的。 很多优秀的企业主或者高管，因为事业上非常成功，所以，对于自己的判断力往往也很自信，认为一切都在自己的掌握之中。当你和他聊风险的时候，他会觉得：你讲的这一切，都不可能发生在他的身上。

但是，有一些风险和事故往往就是不可控的。以小马奔腾的李明为例，他去世的时候，也仅仅四十几岁，正是成就事业的年龄。他生前可能怎么都没有想到自己会突然离世，留下这么多的问题给自己的家人。

假如李明在做股权代持、签对赌协议的决定时，想到了最极端的可能性，也许能提前做一些风险规划和安排。比如，明确签署一份股权代持协议，并且在金燕那里放一份。这样的话，即使在无奈之下签署了如此激进的对赌协议，也可做一些资产隔离的准备工作。我相信，李明在他最鼎盛的时期，身边一定不乏法律、财务精英给他出谋划策，提供各种专业意见，但是他并没有提前规避风险，最大的原因可能就是他不愿意相信这样的风险会发生在自己身上。

人性都是厌恶风险的，但是，只有克服这个人性的弱点，才能真正做到对自己负责，对企业负责，对自己的家人负责。

其次，要进行分散化的资产配置。 这个分散化的配置可能和我们之前章节讲的分散不是一个概念，之前章节中提到的分散投资主要是分散到不同的金融工具中，但是这里指的是，分散到不同的国家和地区，通过全球化的资产配置，提高资产的抗风险能力。

比如，现在很多公司都会通过设立离岸公司的形式进行一些税收或者法律风险的规避，还有很多优秀的企业家，在国内外成立家族信托，既可以做到资金避险，又可以做到资产传承。对于这些家庭来说，做这些事不难，因为他们有足够的钱来请足够专业的人来帮他们打理，像很多海外的家族办公室，由不同领域行业的专家组成，监督及管理整个家族的财务，以及家庭成员的健康和教育发展等情况，以协助家族获得成功以及顺利发展。难的是，核心家族成员要有做这个事情的决心和判断。

最后，一定要提前规划。笔者遇到过很多的咨询者都是遇到问题了，才来寻求解决方案。比如，因为家企资产混同，家里的房子和存款都已经被查封了，这个时候还想给孩子规划一笔教育金，几乎是不太可能实现的。因为一方面是，那时资金几乎都无法动用；另一方面是，这个时候再做规划，会有极大的风险被法院判定为恶意转移财产，这样很有可能会加重量刑。

所以，一切的规划都需要未雨绸缪。在公司运转顺利的时候、在家庭和睦的时候、在现金流充裕的时候就开始做规划，一步一步规避风险。所谓天晴的时候最适合修补屋顶，把家里的屋顶一点点地加固。如果一生都是晴天，那是最幸福的；如果中间遇到了狂风暴雨，我们也可以在屋子里安心避雨，等到天晴的时候，还可以东山再起。

综上，我们可以清晰地看到，高收入家庭相较于普通家庭，其资产规划的难度和复杂程度都要高很多。但是，相信这也是一种甜蜜的烦恼，如

第六章
你的家庭如何灵活配置资产

果在读这本书的你，也有这个甜蜜的烦恼，请务必尽快找一个专业的团队来帮你做系统的财产规划，让资金安全稳定地升值，真正把握好自己的人生。

后 记

今天是 2022 年 6 月 13 日，我在飞往海口的飞机上完成了这本书的初稿。明天就是我 32 岁的生日，这份书稿就是我送给自己 32 岁的生日礼物。

从开始写这本书，就有很多朋友一直在关注我什么时候可以交稿，可以让他们尽快拿到手，避免当韭菜的命运。甚至有读过这本书部分章节的朋友对我说：你这本书可以改个名字，叫"如何避免成为一棵悲催的韭菜"。

笔者有一个很好的朋友，十几年前，手里也有千万元的现金，但是在这最近的 10 年间，陆陆续续都被"割"光了，股票市场亏了几百万元，信托爆雷亏了几百万元，甚至这期间还被忽悠花了几百万元去海外买了一块不知名小岛上的地皮。她知道我开始写这本书以后，又开心又沮丧：开心的是，她以后可以尽量被少"割"一些；沮丧的是，这本书出得太晚，她已经快被割秃了。

现在的金融投资市场，对大多数普通人来说确实非常不友好。笔者曾经和一个私募基金的经理聊过：为什么大多数普通人在我国的投资市场上一直都是亏钱的？这位私募经理说了一句话，让我印象深刻：学会投资的知识门槛很高，但是，进场又是没有门槛的。这样的矛盾，让很多人在对

后　记

自身能力盲目乐观的情况下，拿着毕生的积蓄冲了进去，然后铩羽而归。

市面上关于理财投资的图书有很多，但是我始终认为，普通投资者真正需要修炼的，并不是投资技巧，而是理性的投资心理。相信这本书可以回答你心里长久的疑问：明明也读了很多文章，看了很多书，为什么别人都可以在资本市场赚到钱，但是自己却不行？

这本书从开始写作到完稿，历时3个月。这对我来说也是非常艰难的3个月，首先要感谢我的家人对我一如既往地支持，特别感谢我的先生和儿子，他们给予了我足够的包容和理解。在我写稿写到凌晨，第二天早上补觉的时候，我老公都要叮嘱儿子，起床上学的时候，动静一定要小一些，因为妈妈需要多休息。还要感谢我的读者朋友，他们对我之前出版的书籍的喜爱，也是我坚持写完这本书的动力。经常有读者写几百字的书评给我，告诉我，我的书给他带来了多大的帮助和价值。每次看到这些反馈，都觉得哪怕自己再辛苦，一切也都是值得的。

授人以鱼，不如授人以渔，愿认真读完这本书的你，可以真正掌控自己的财富，早日实现财富自由。

2022年6月13日